I0443711

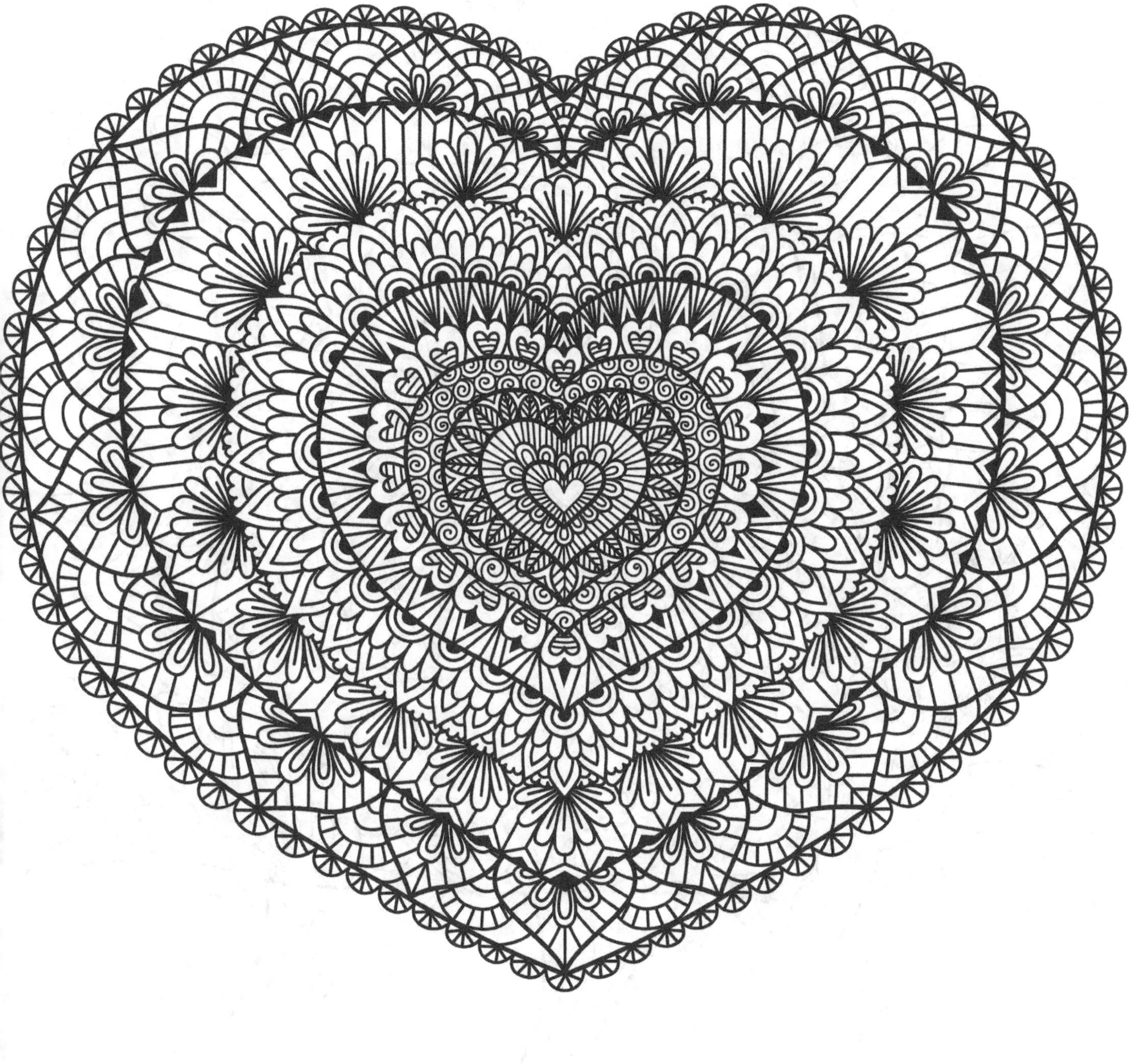

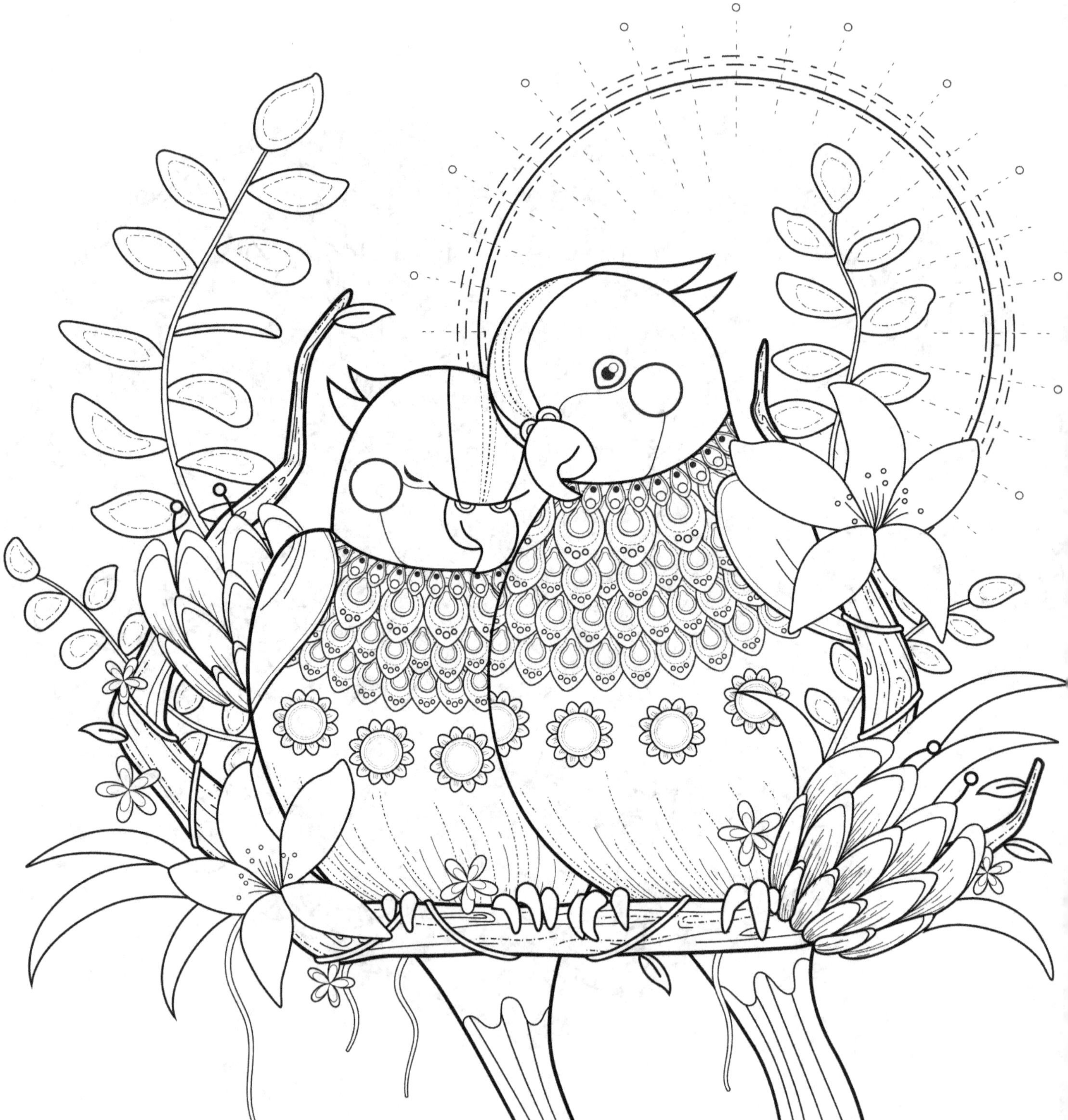

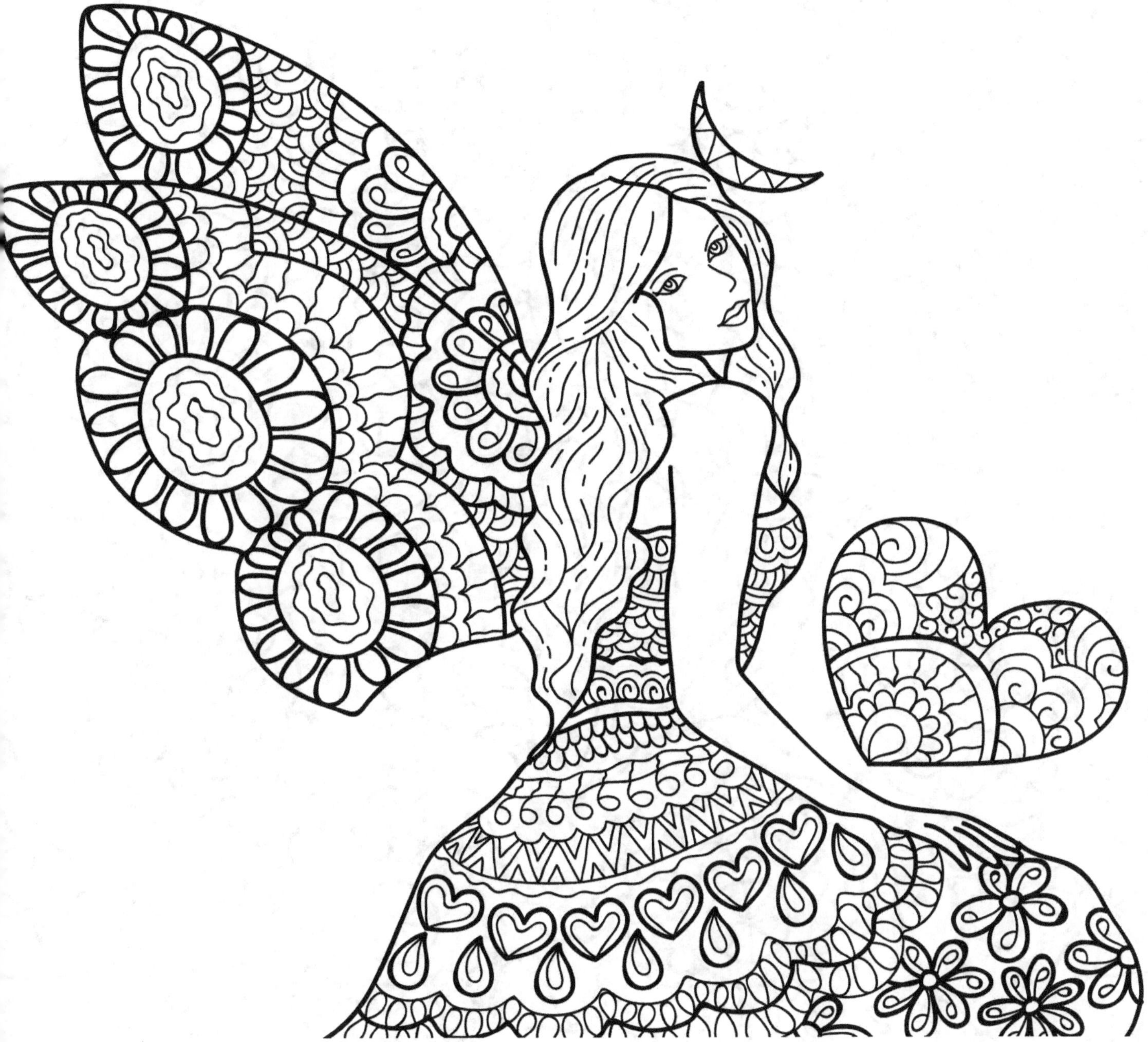

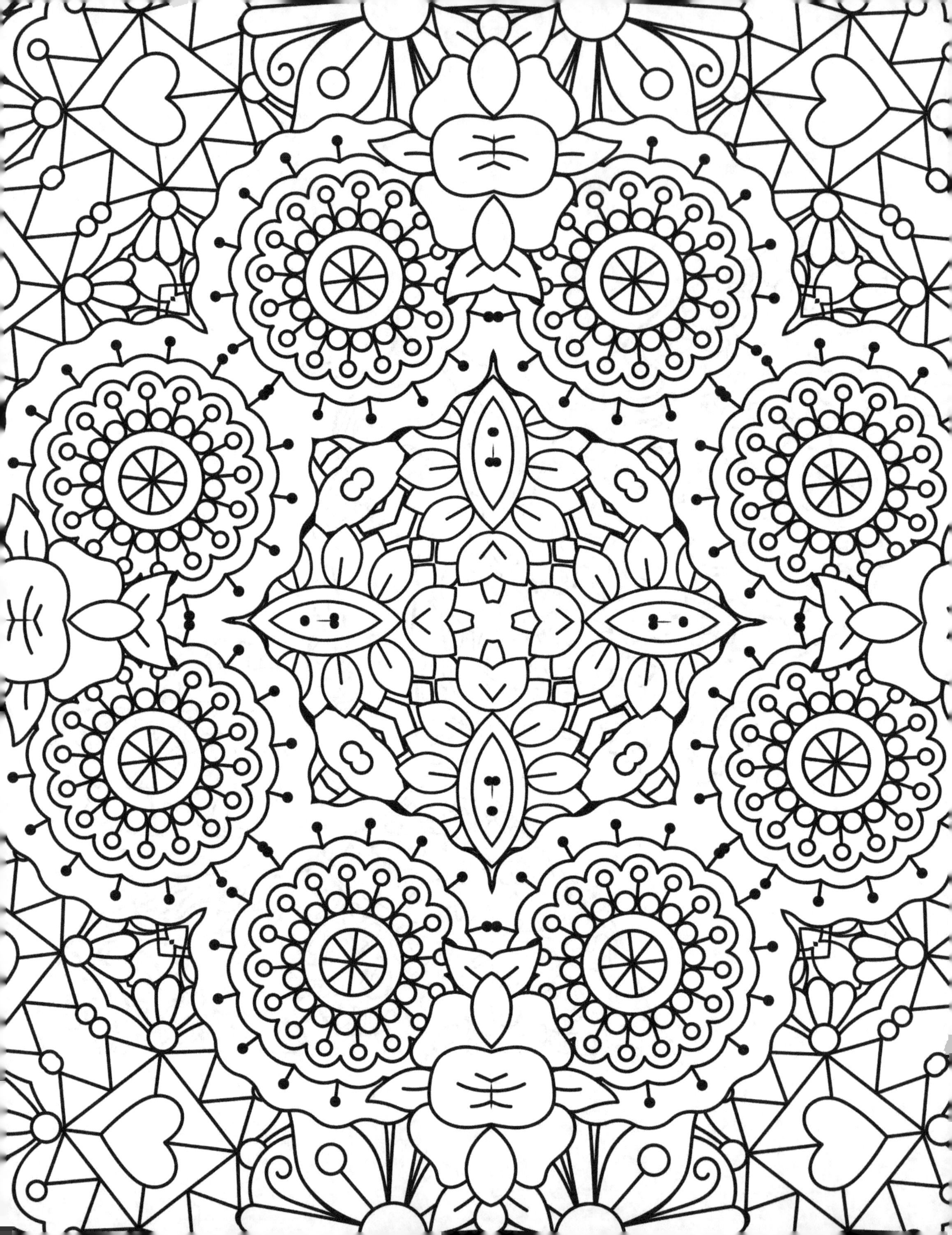

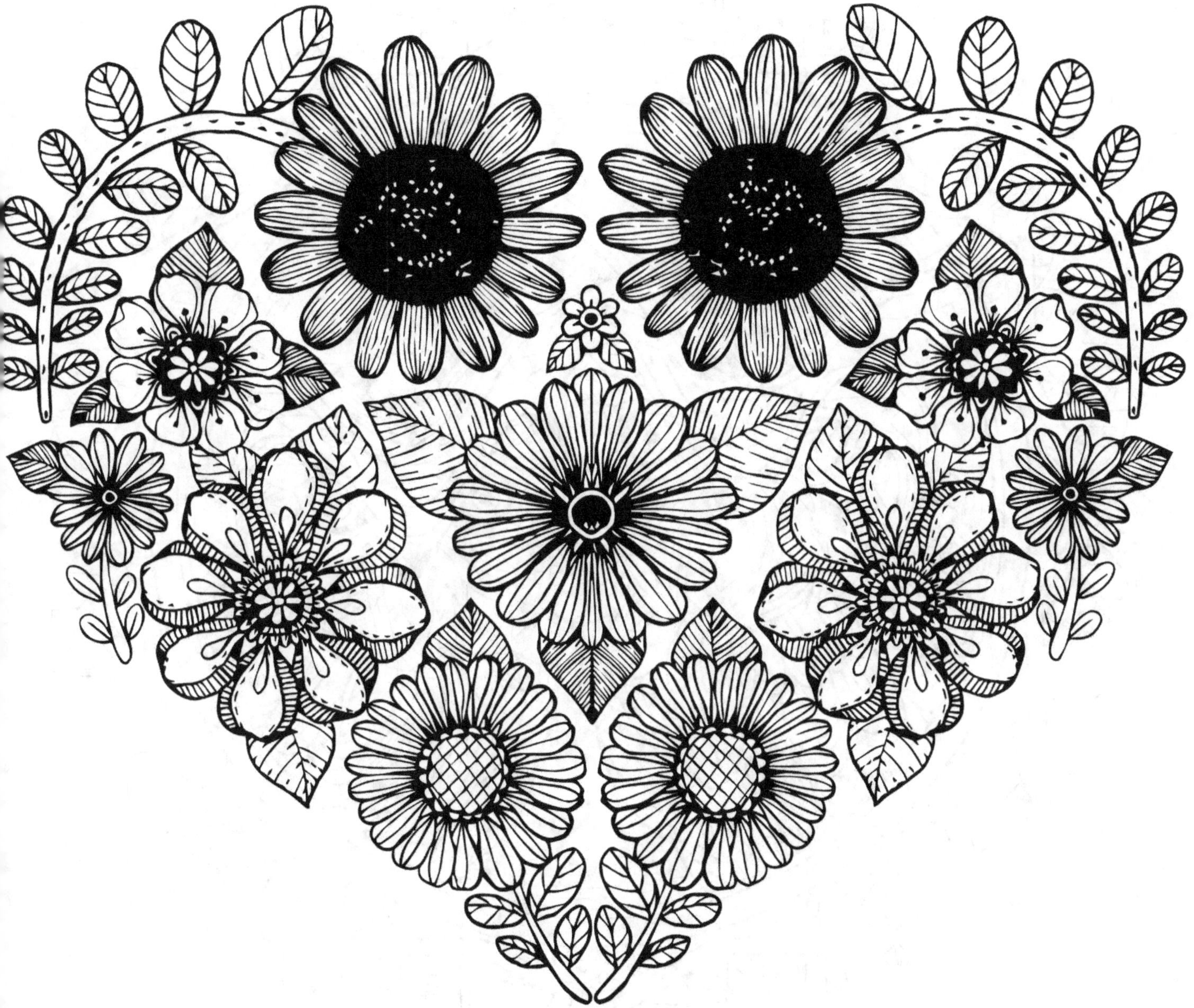

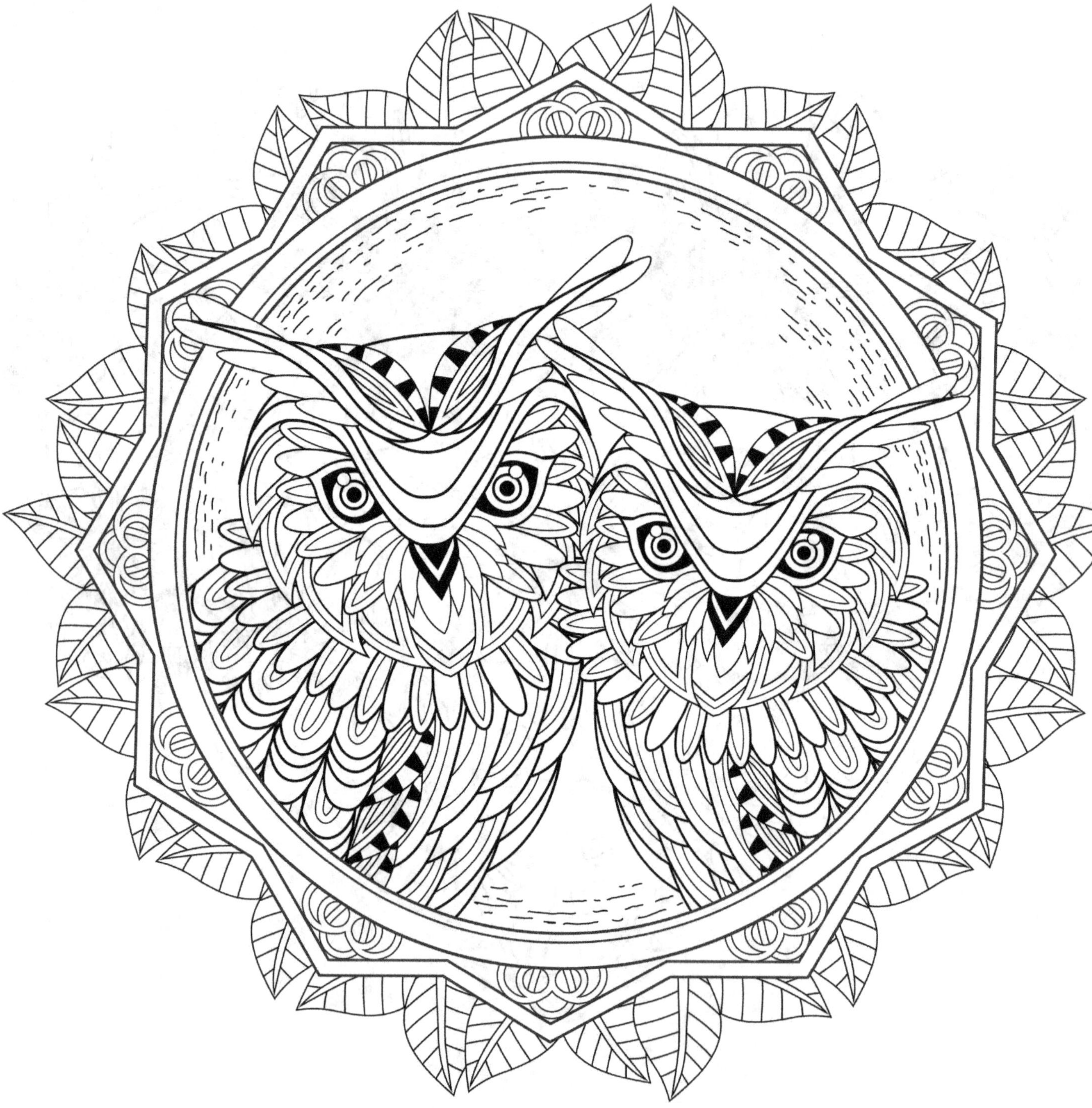

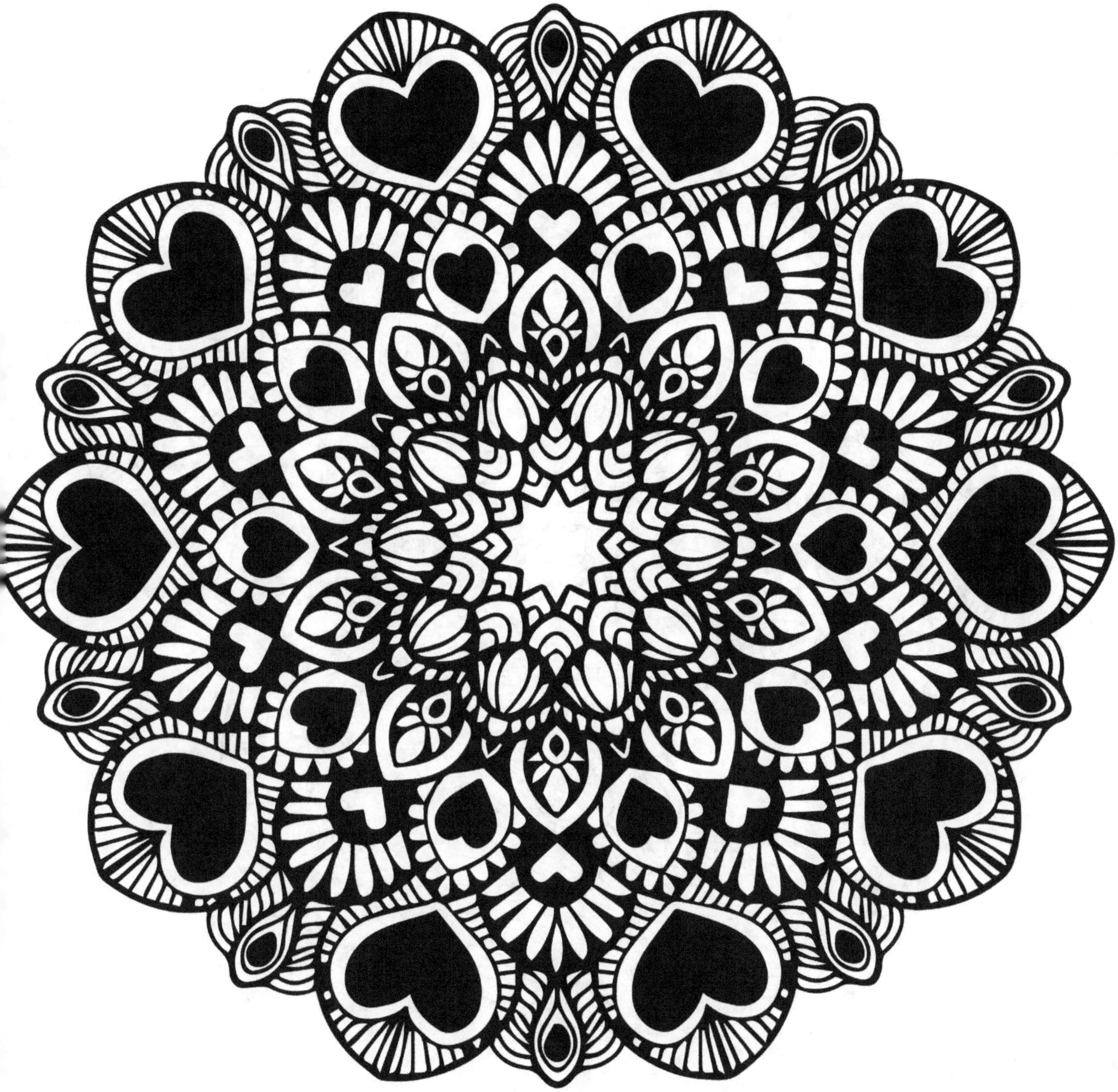

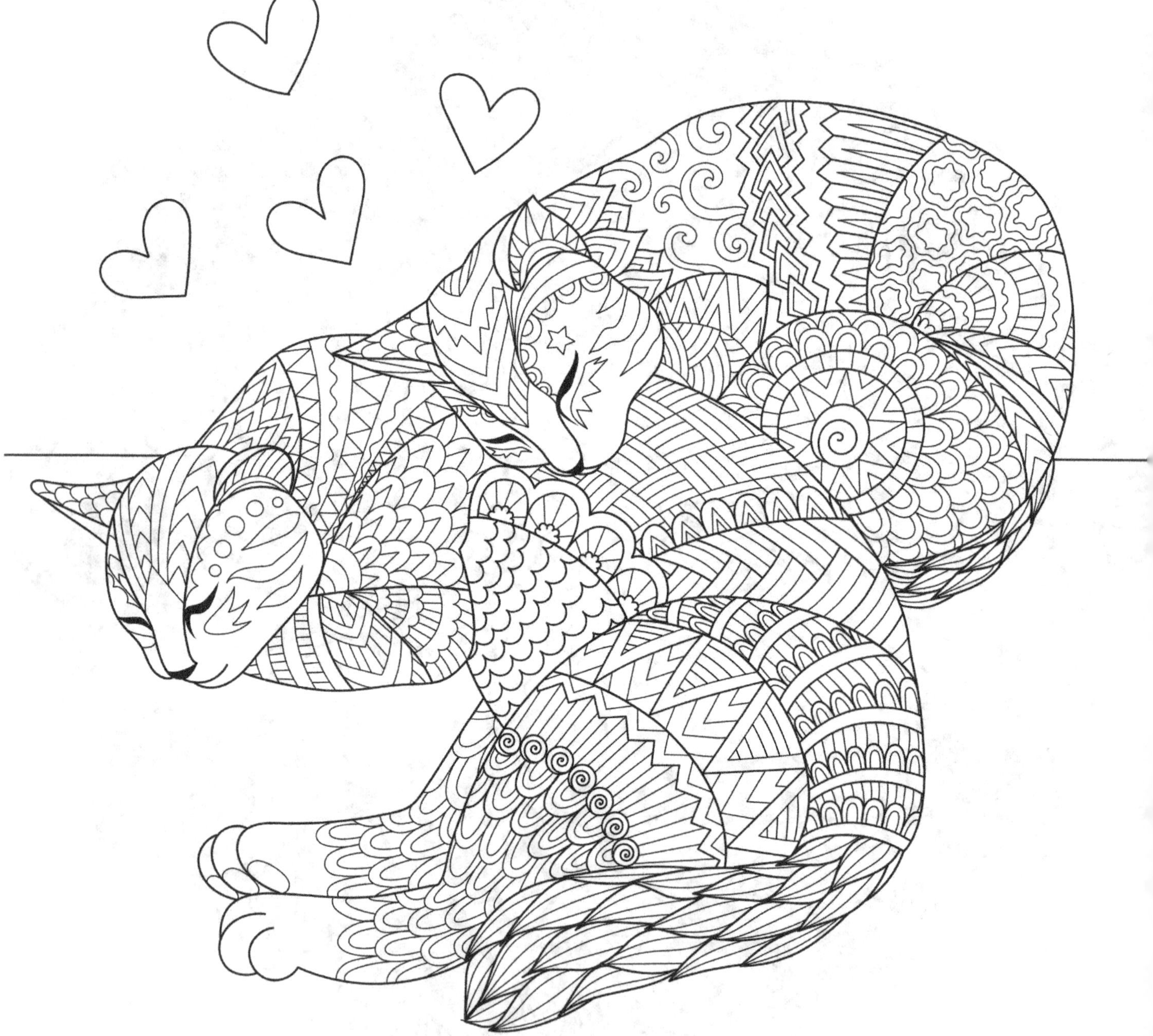

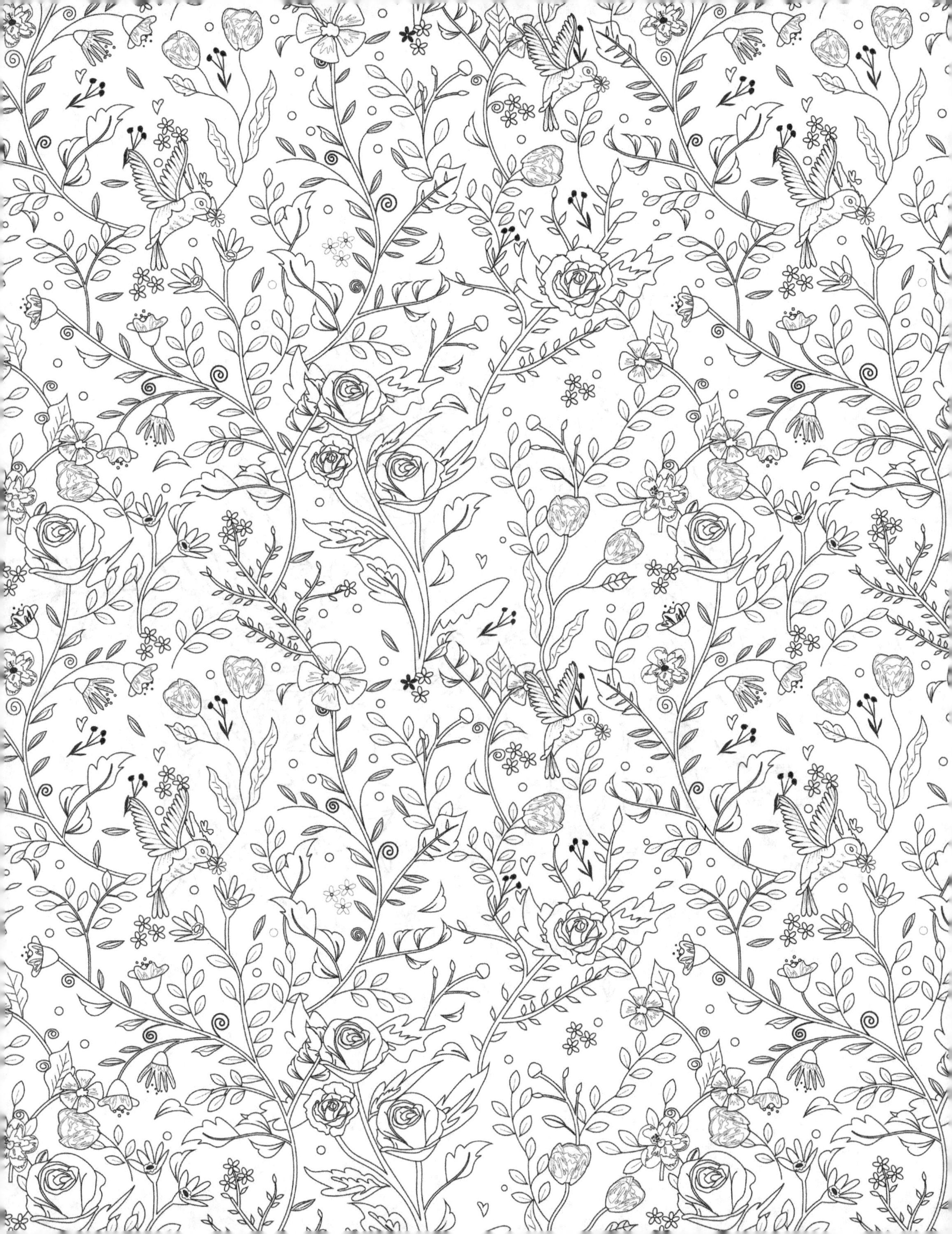

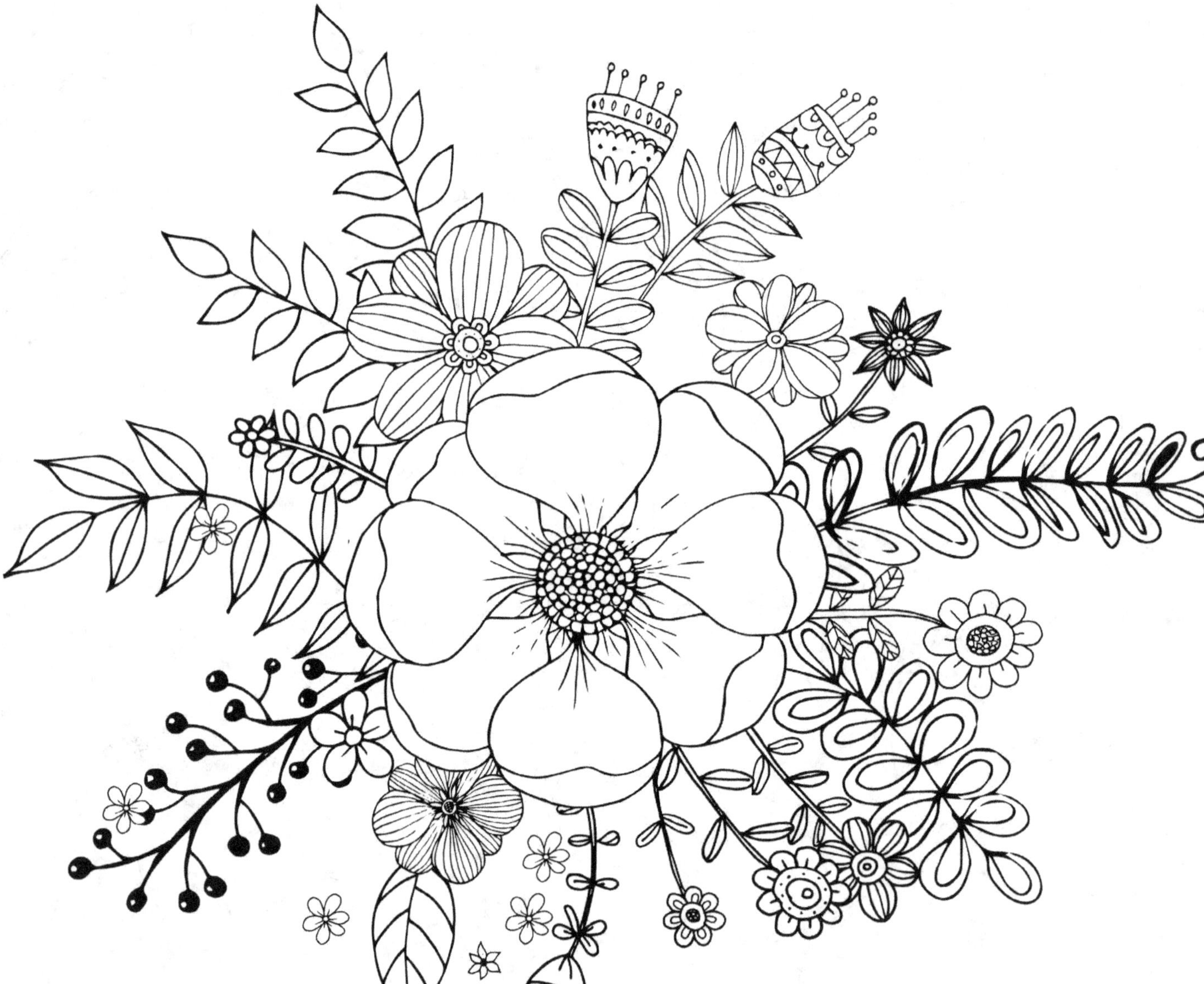

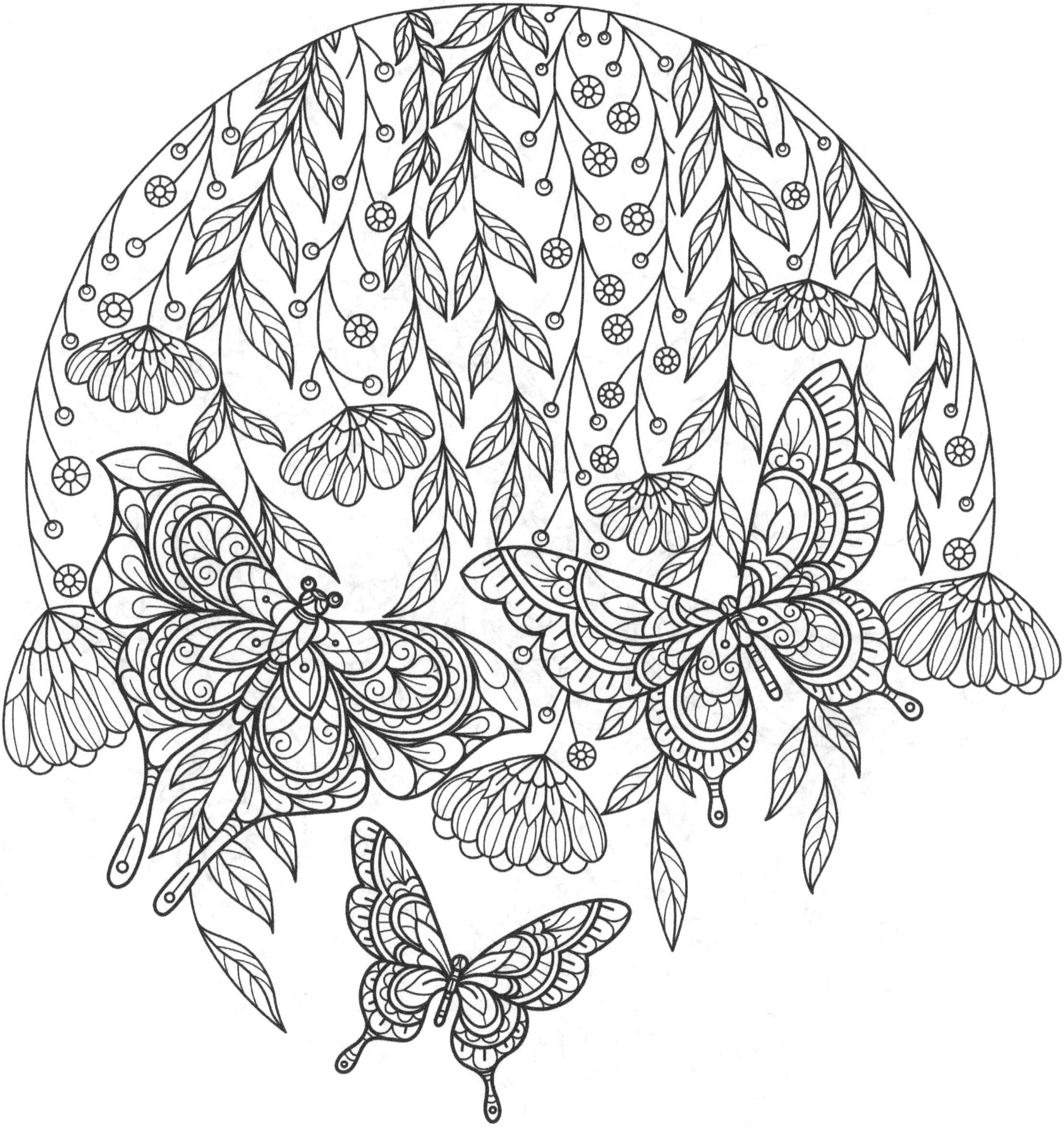

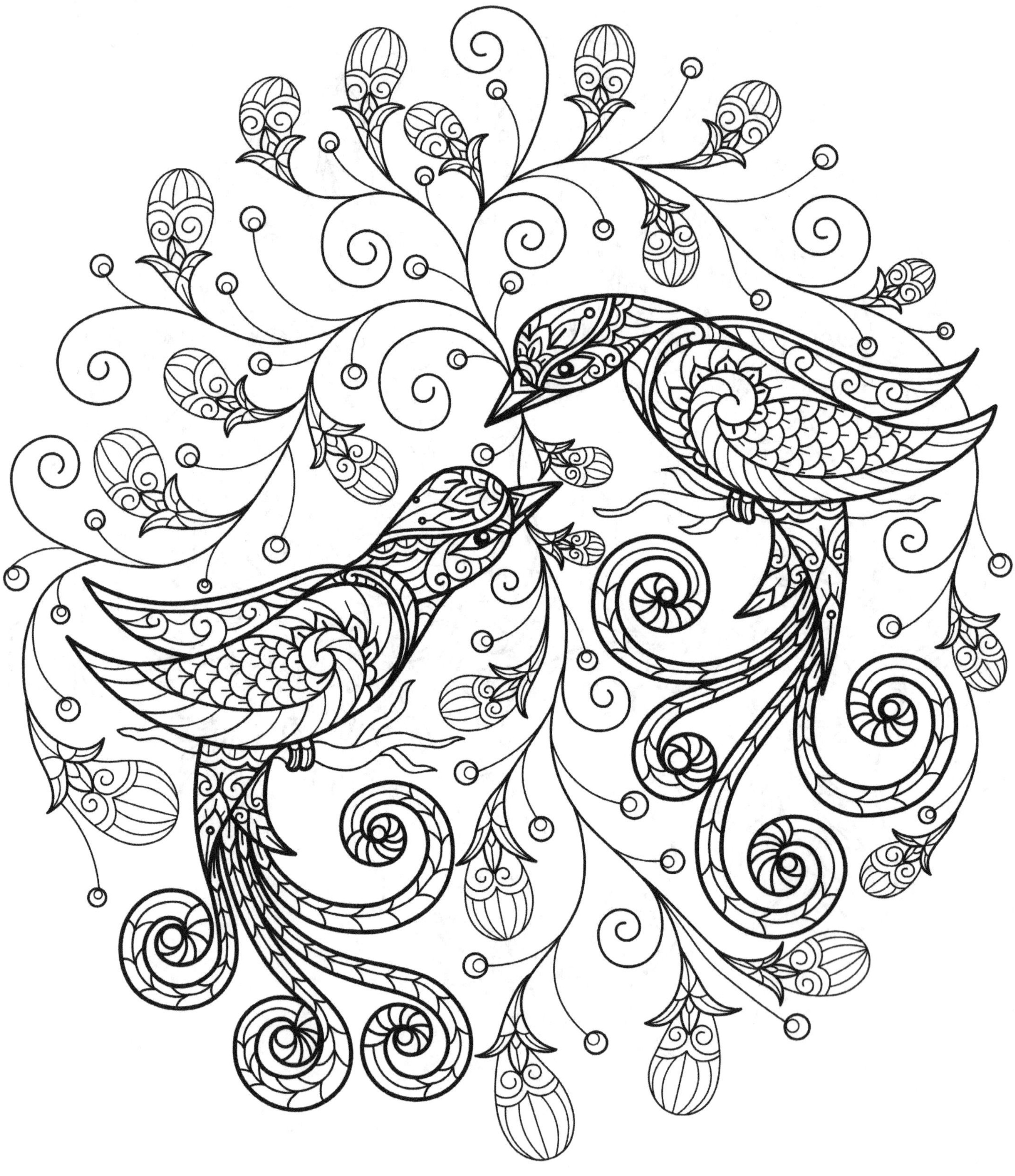

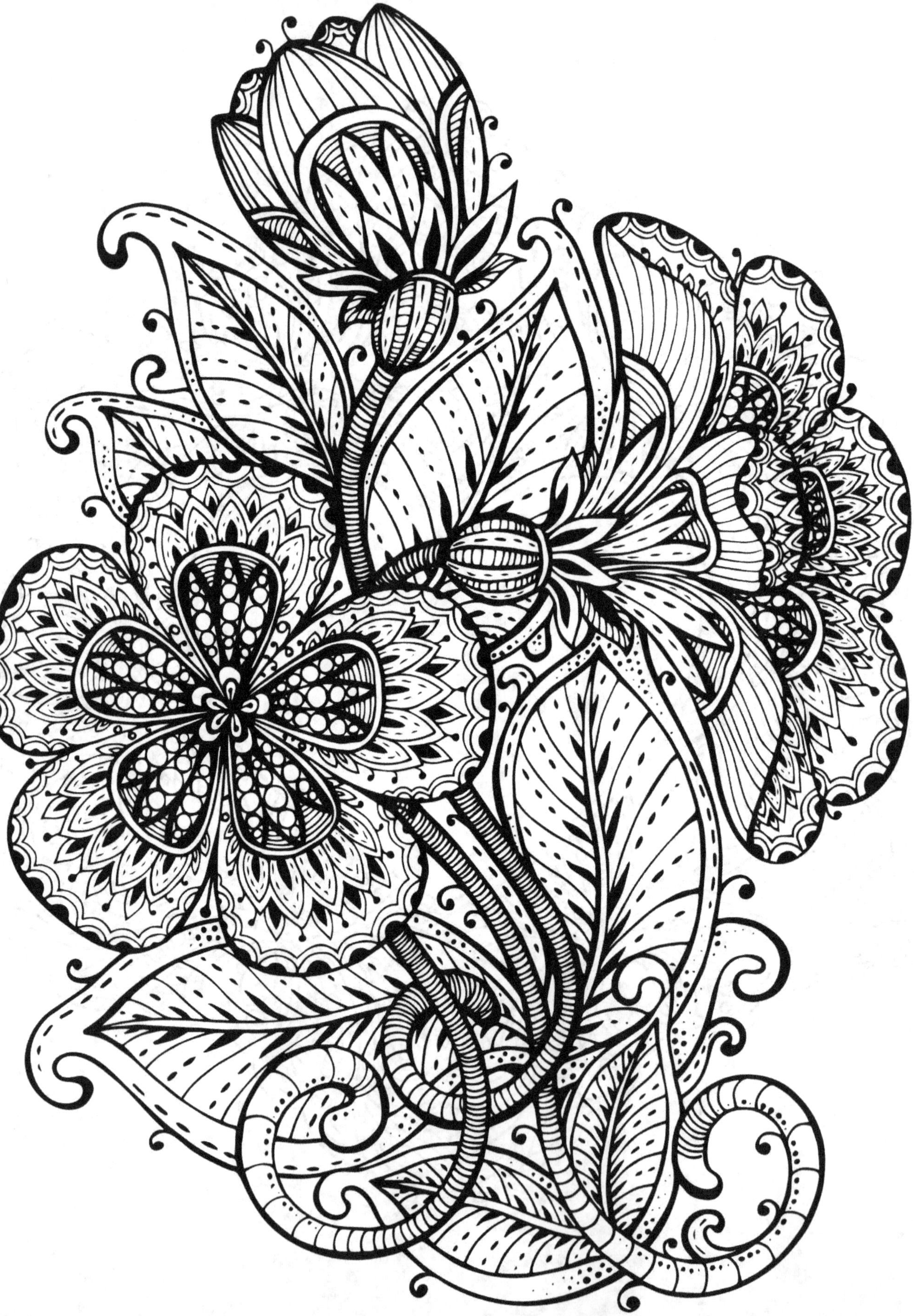

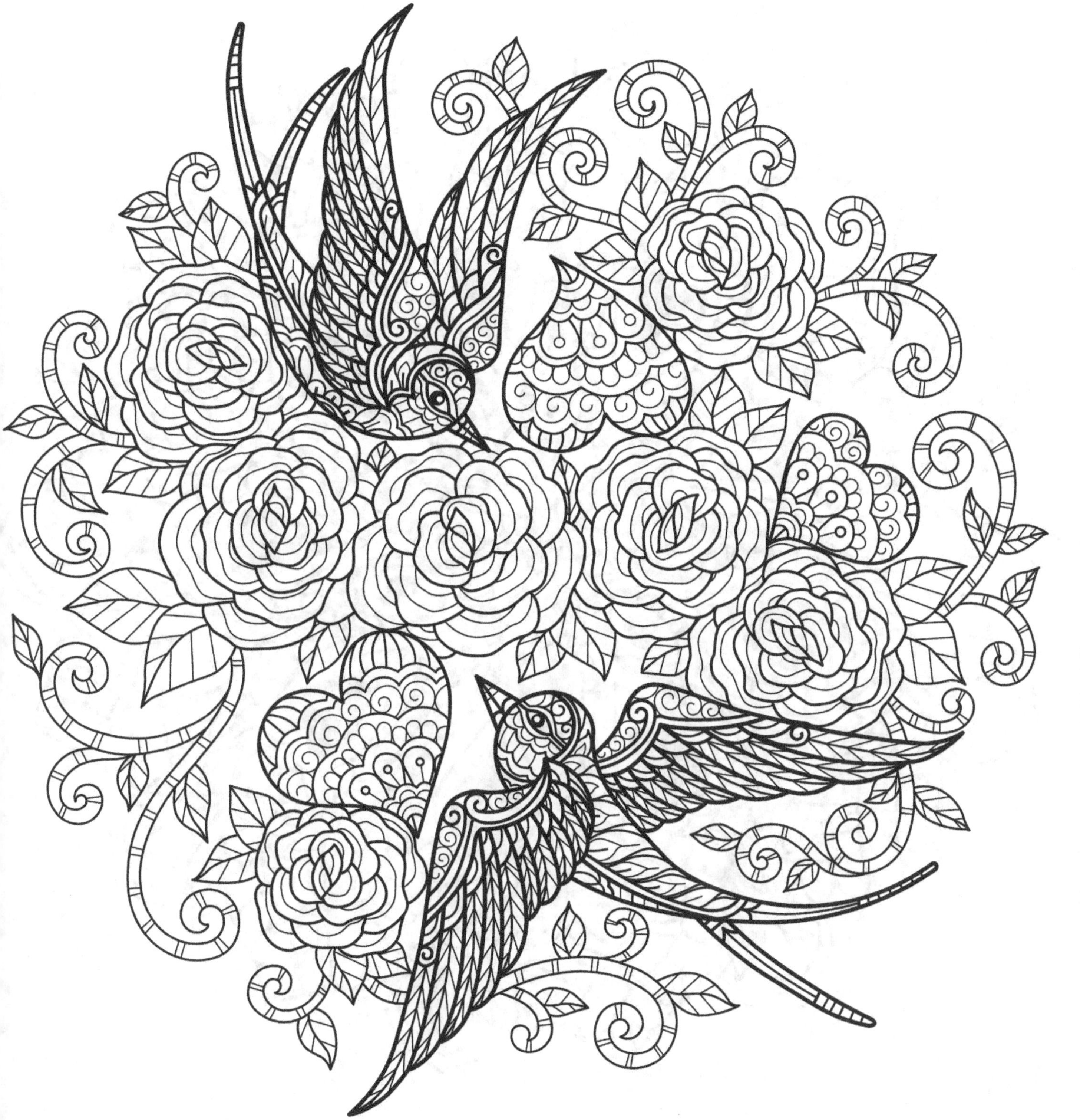

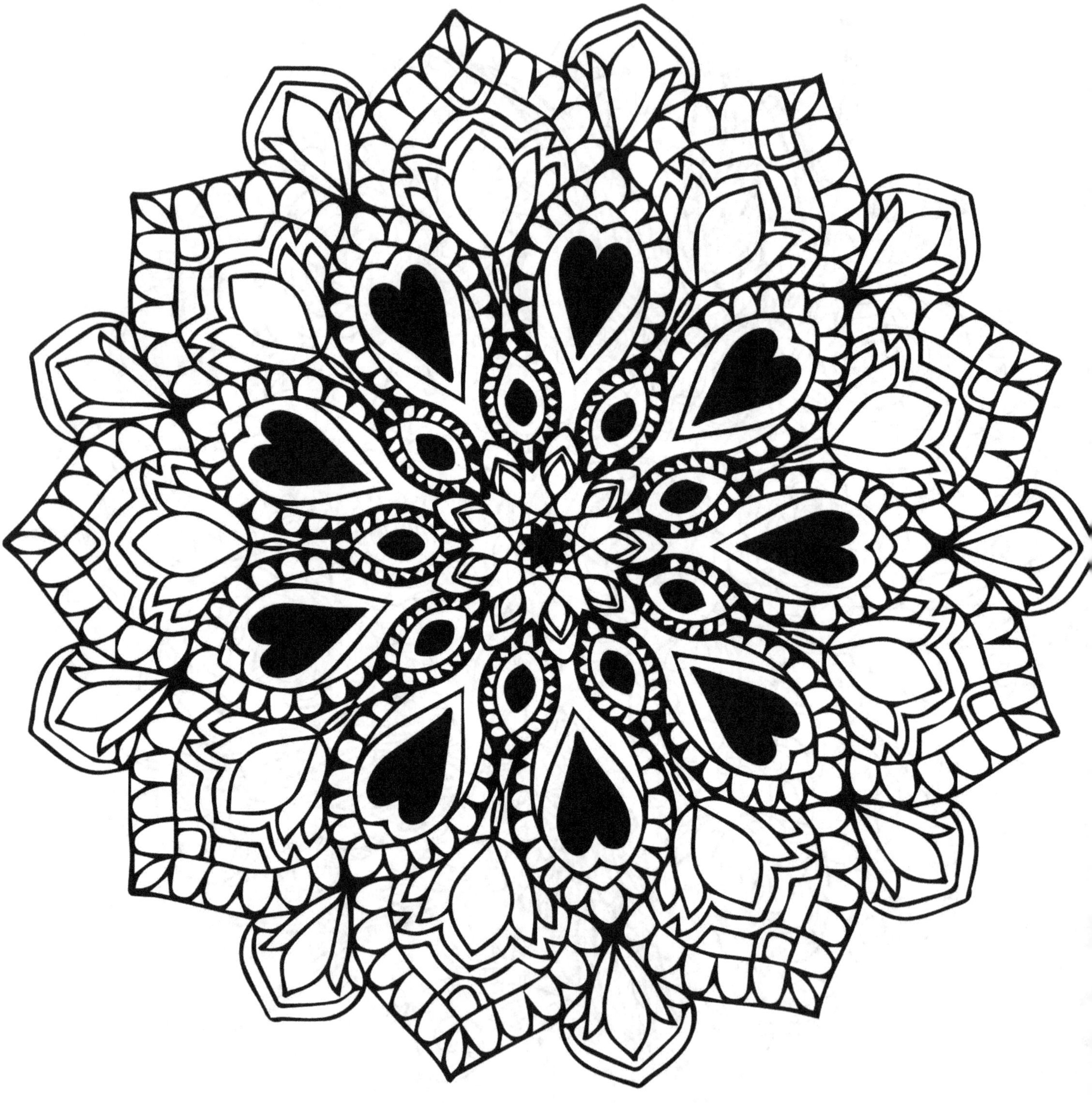

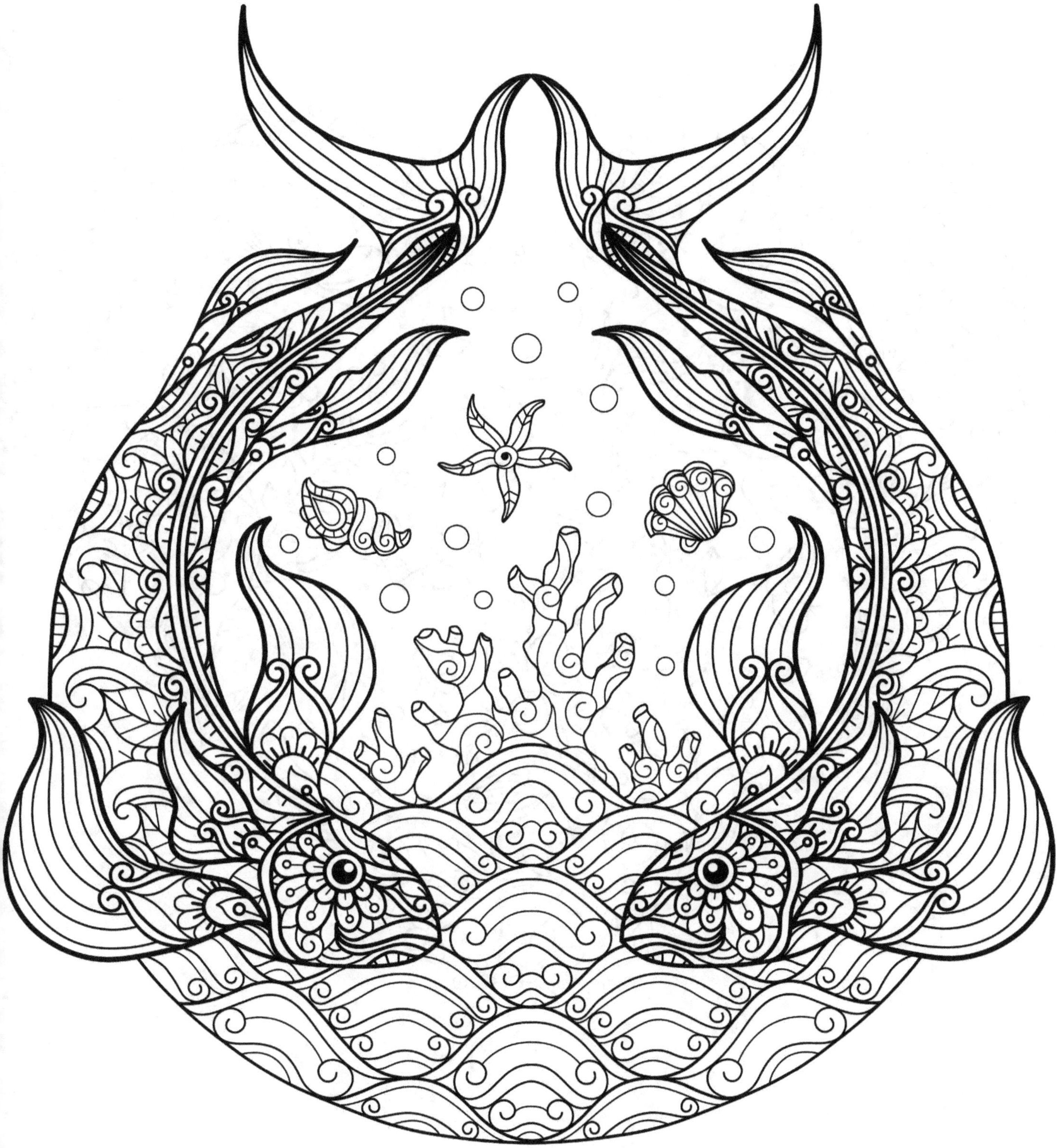

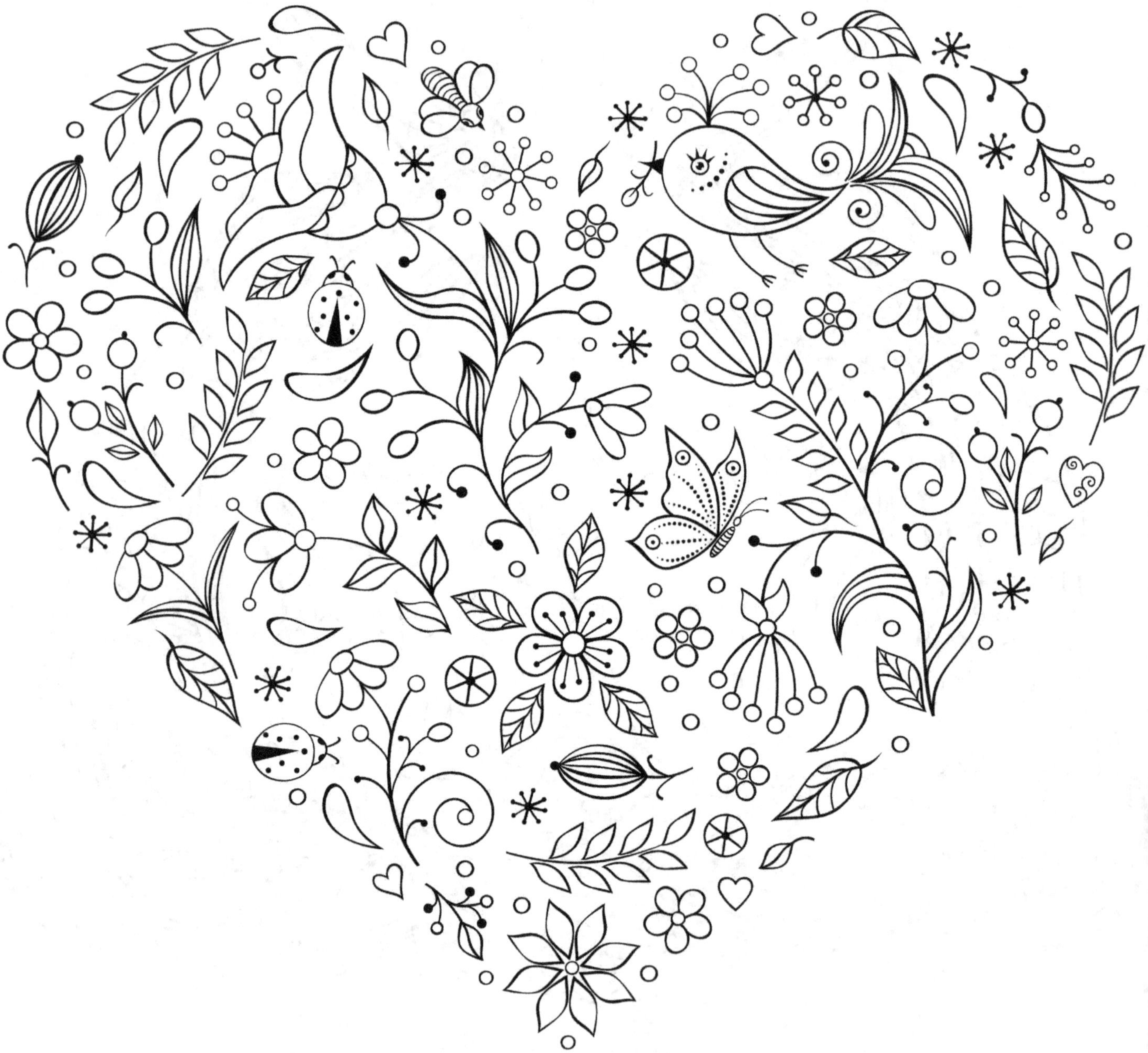

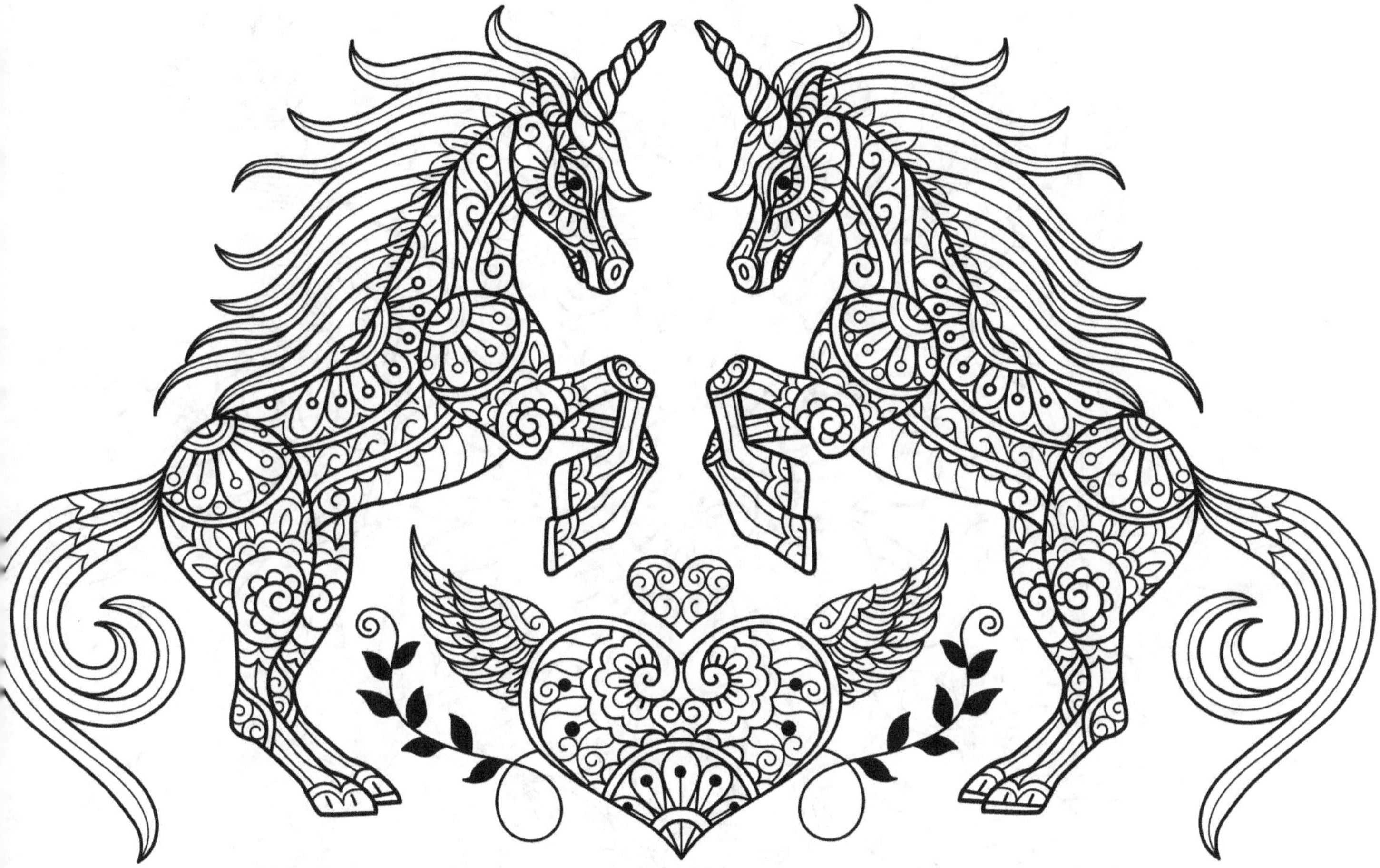

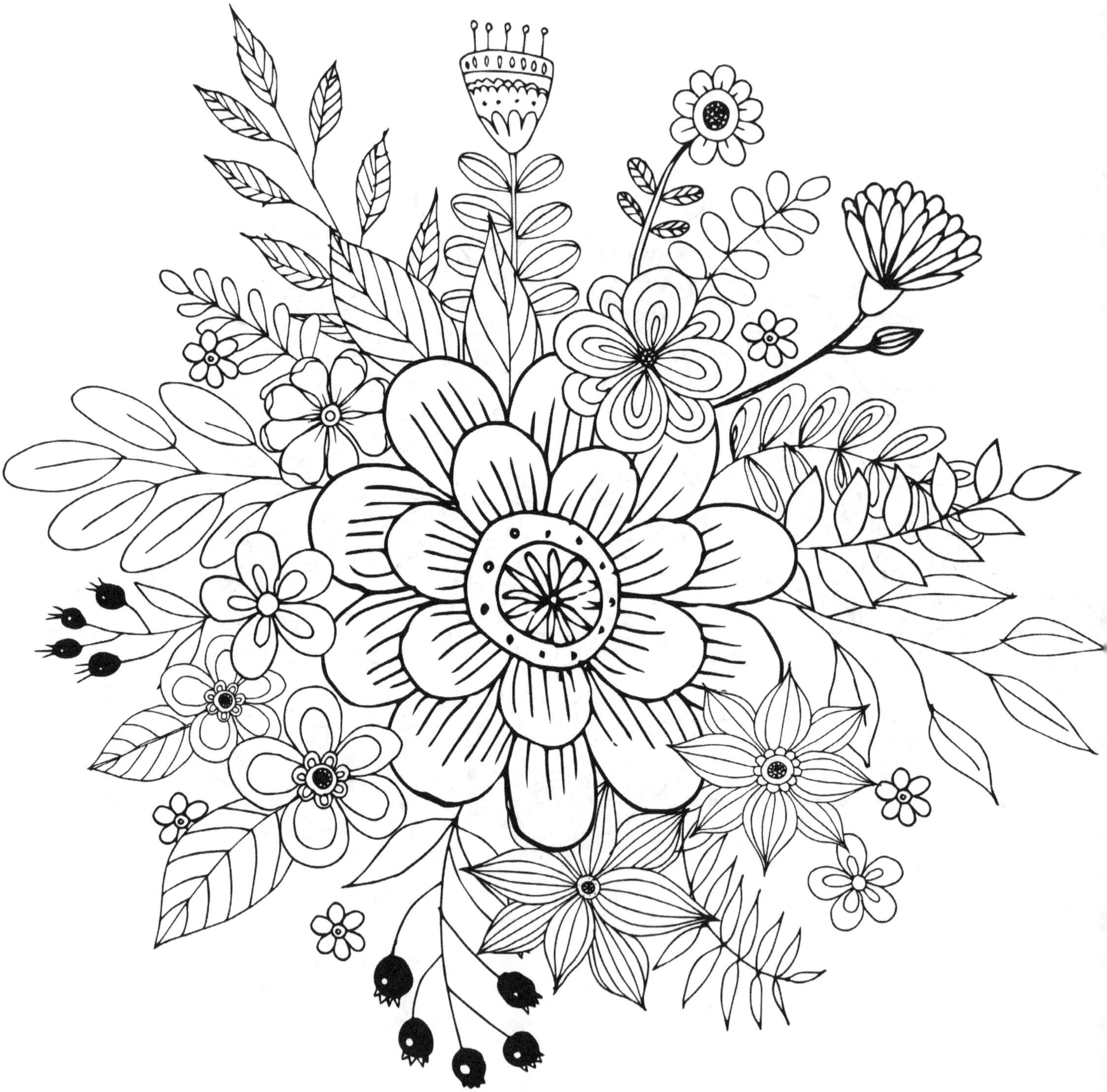

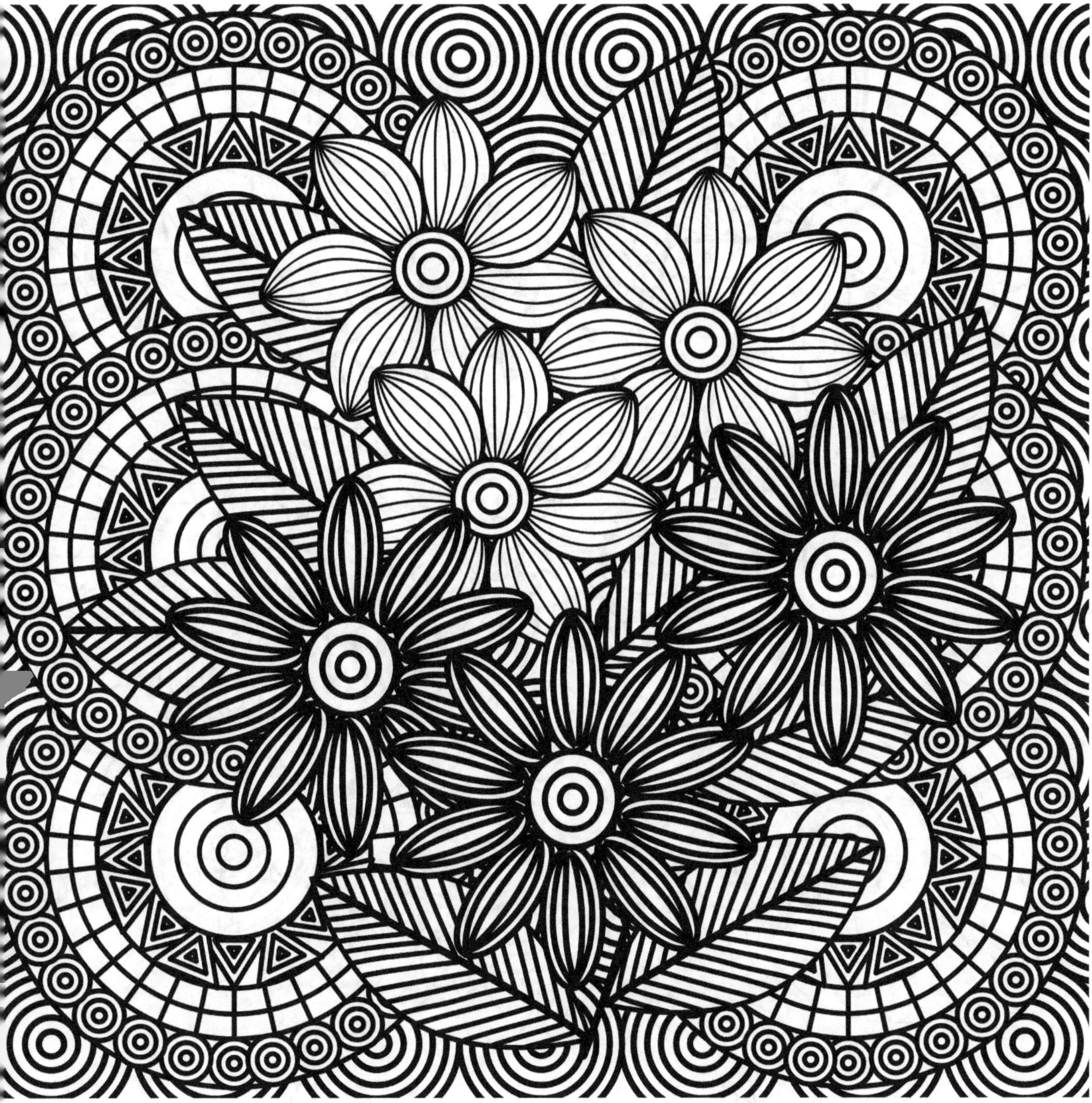

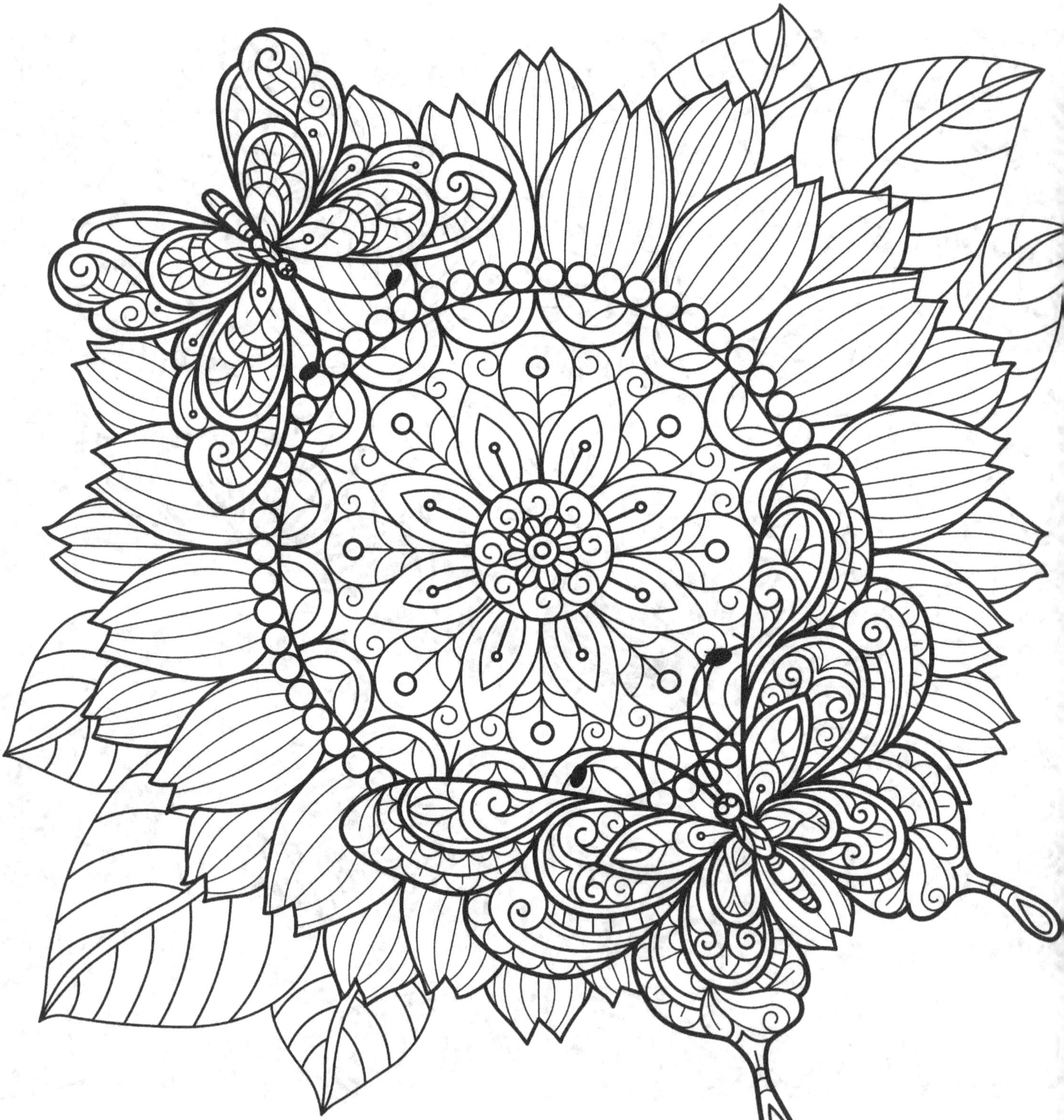

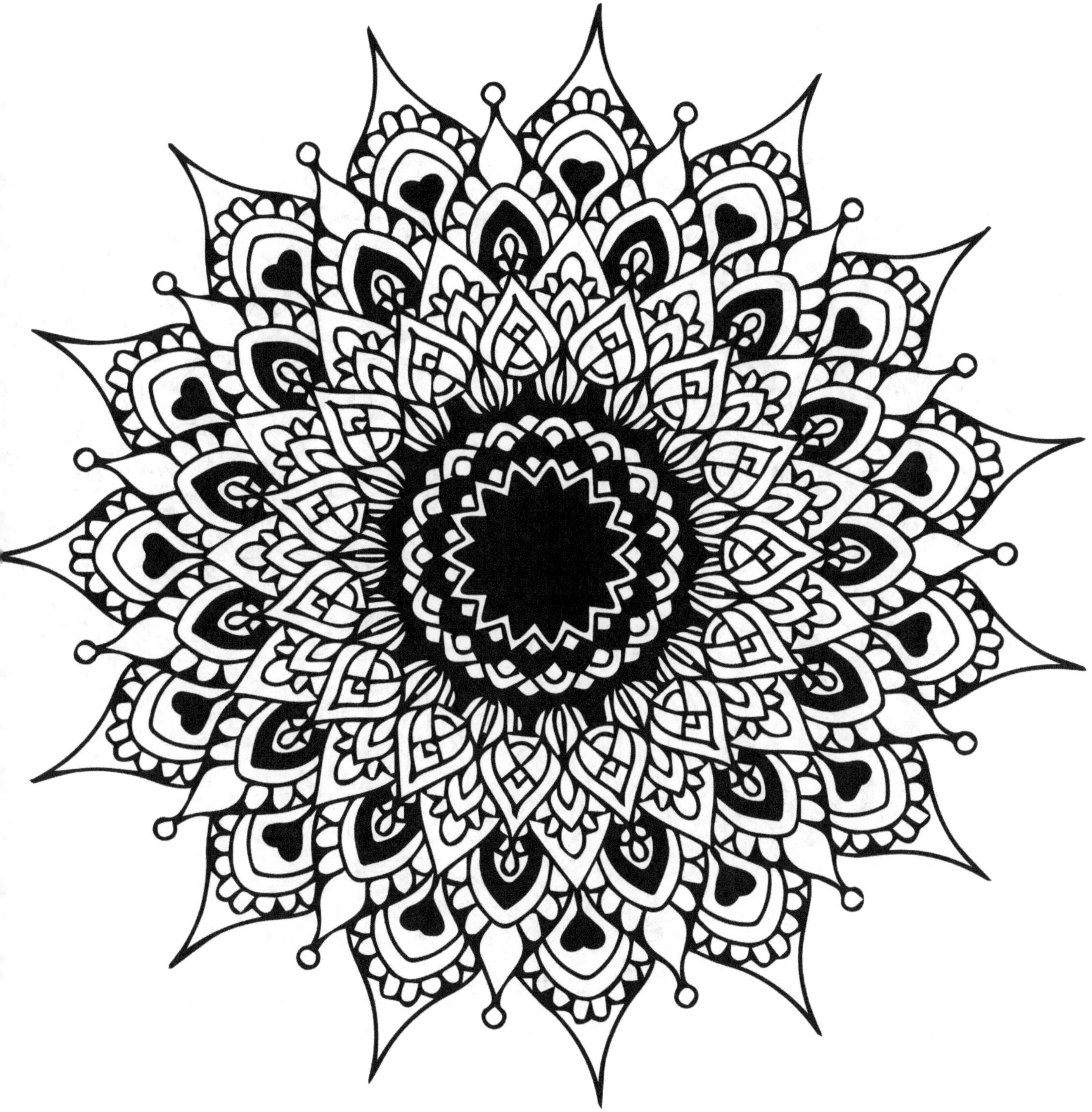

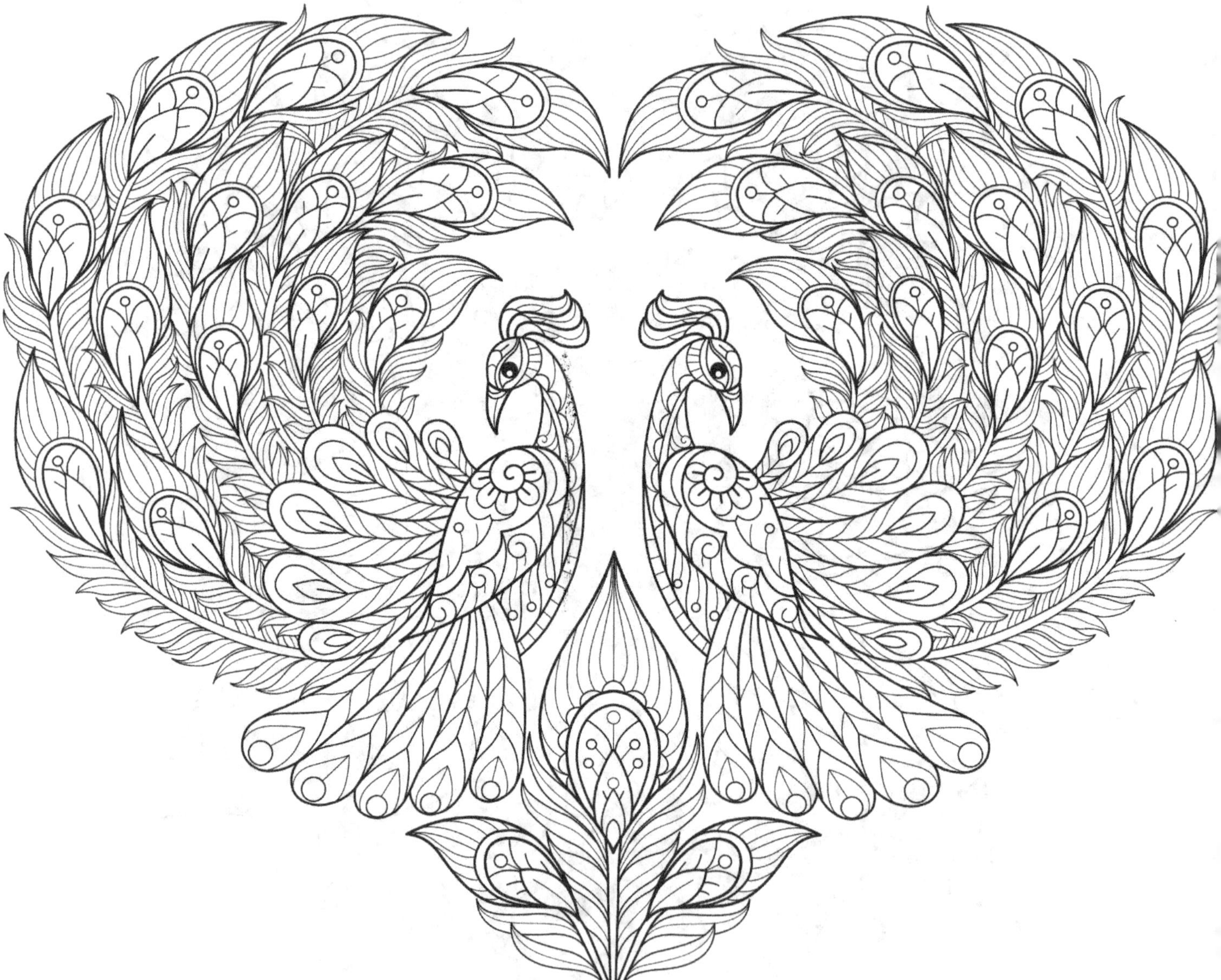

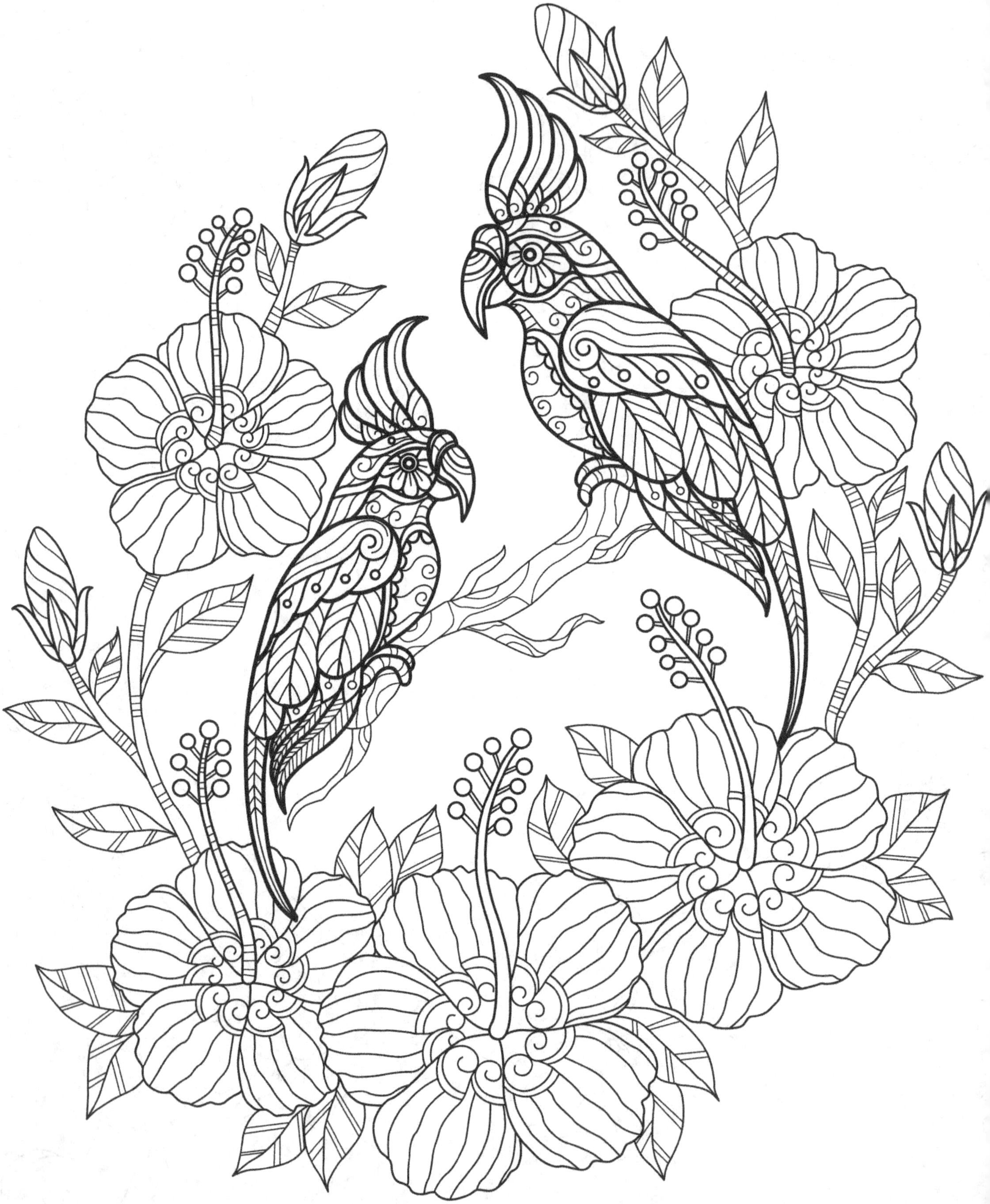

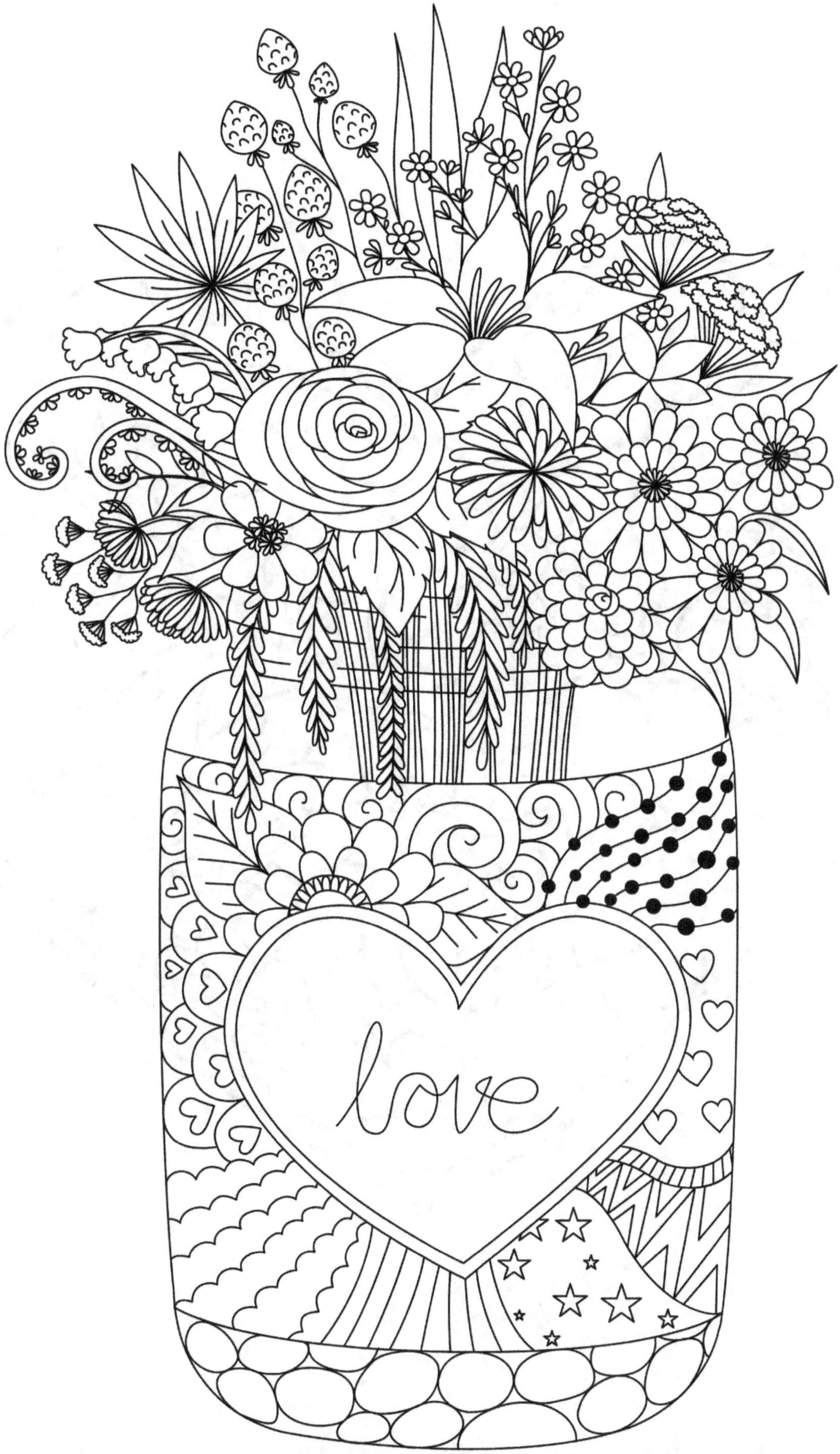
love

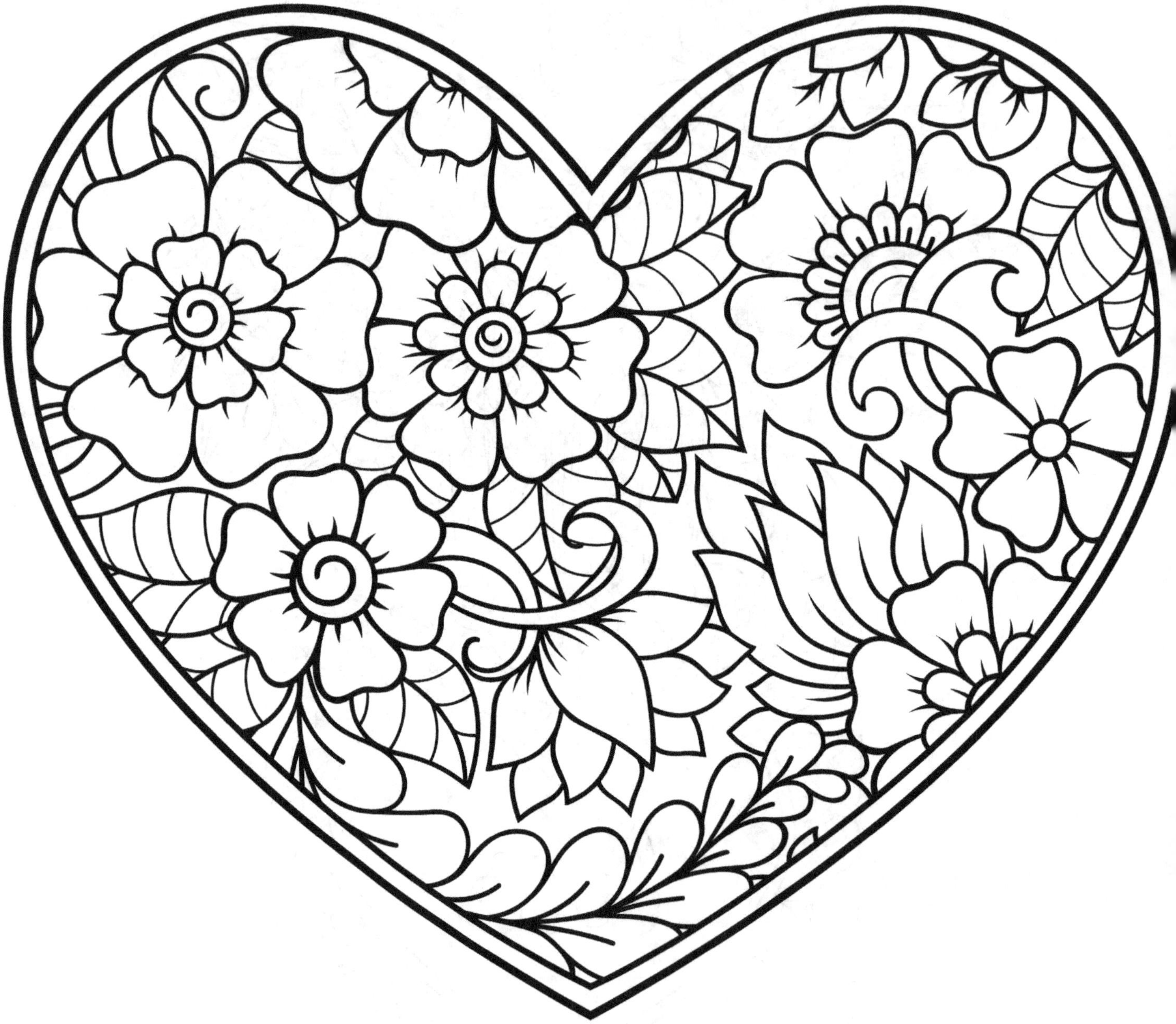

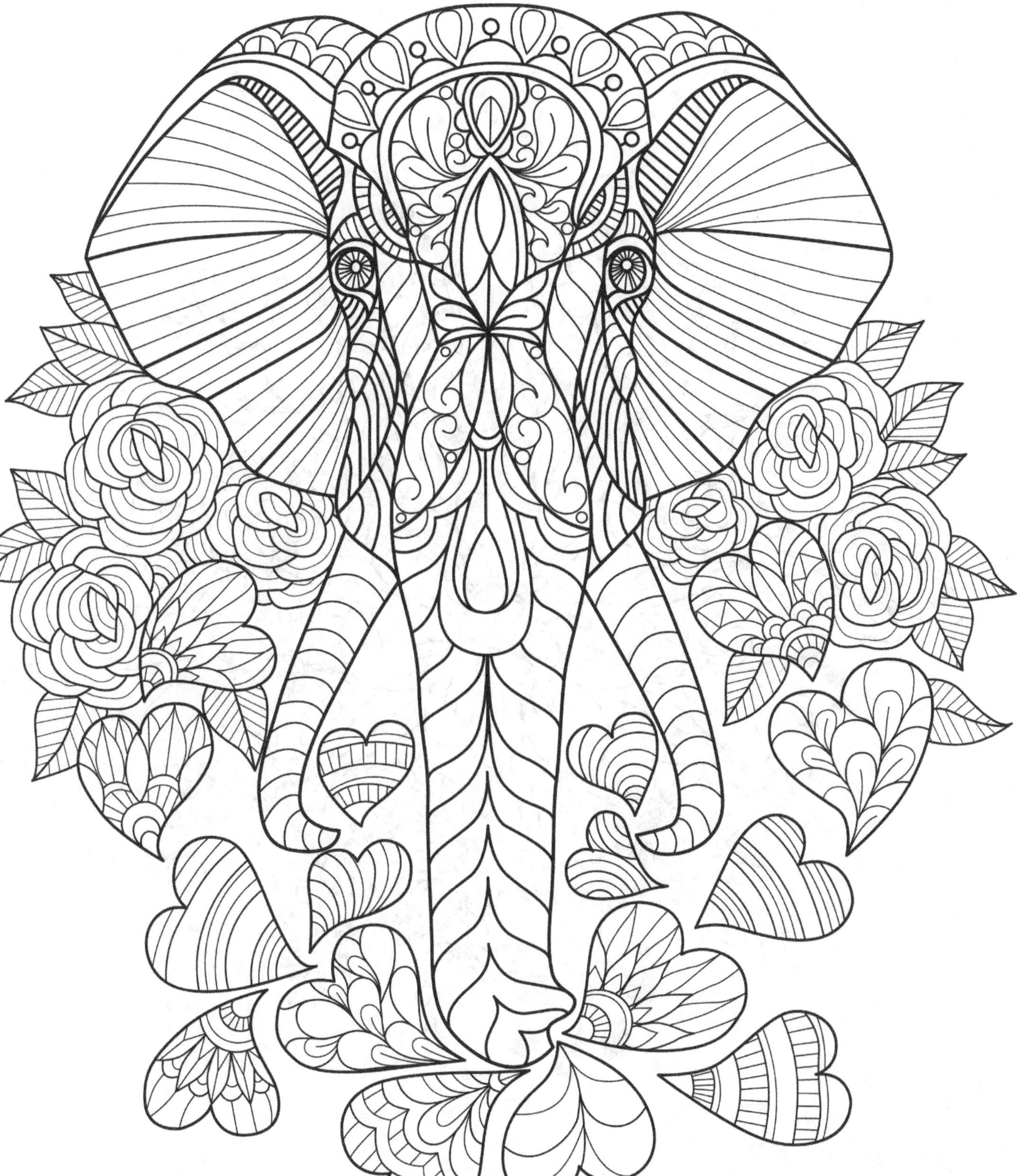

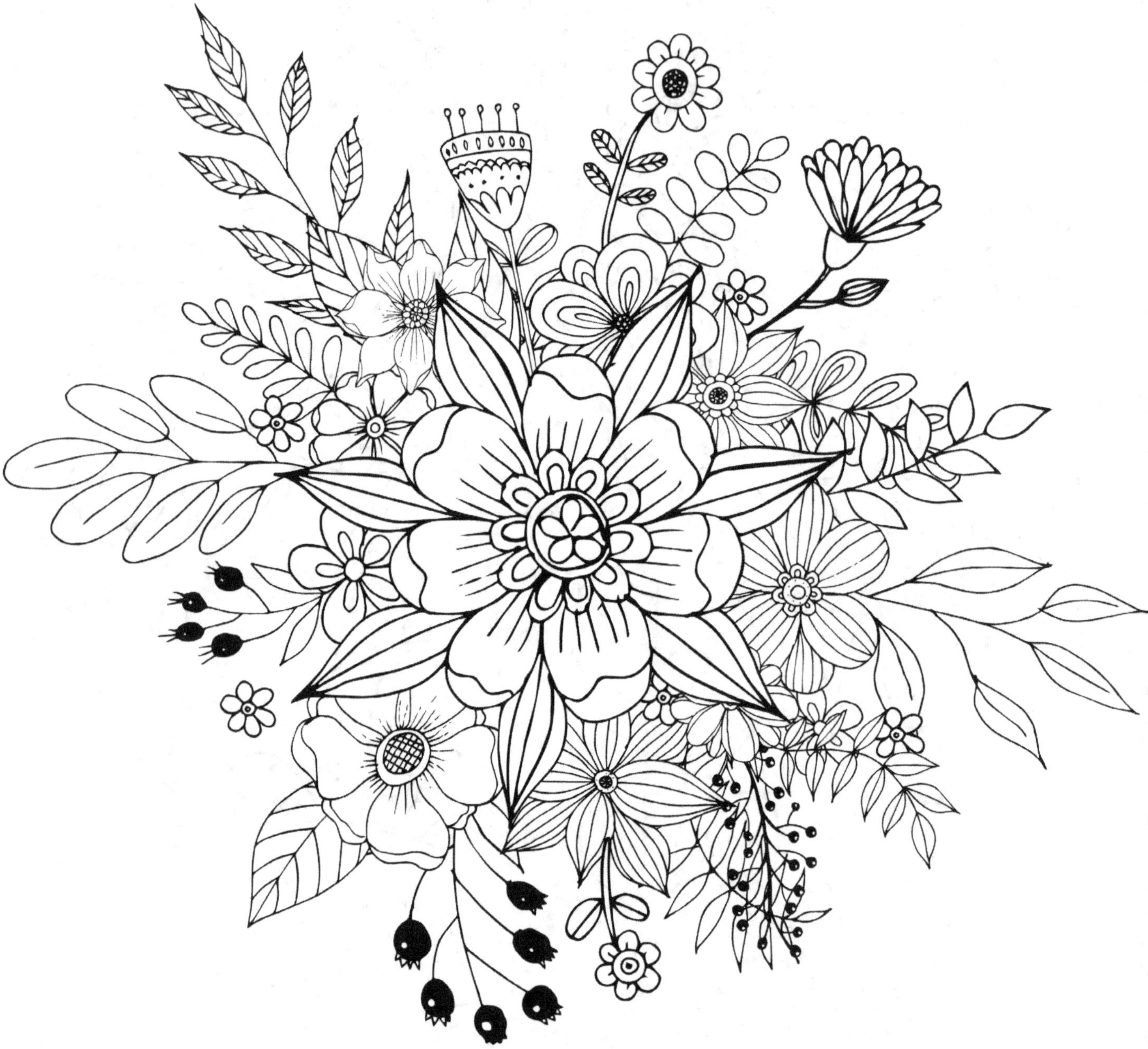

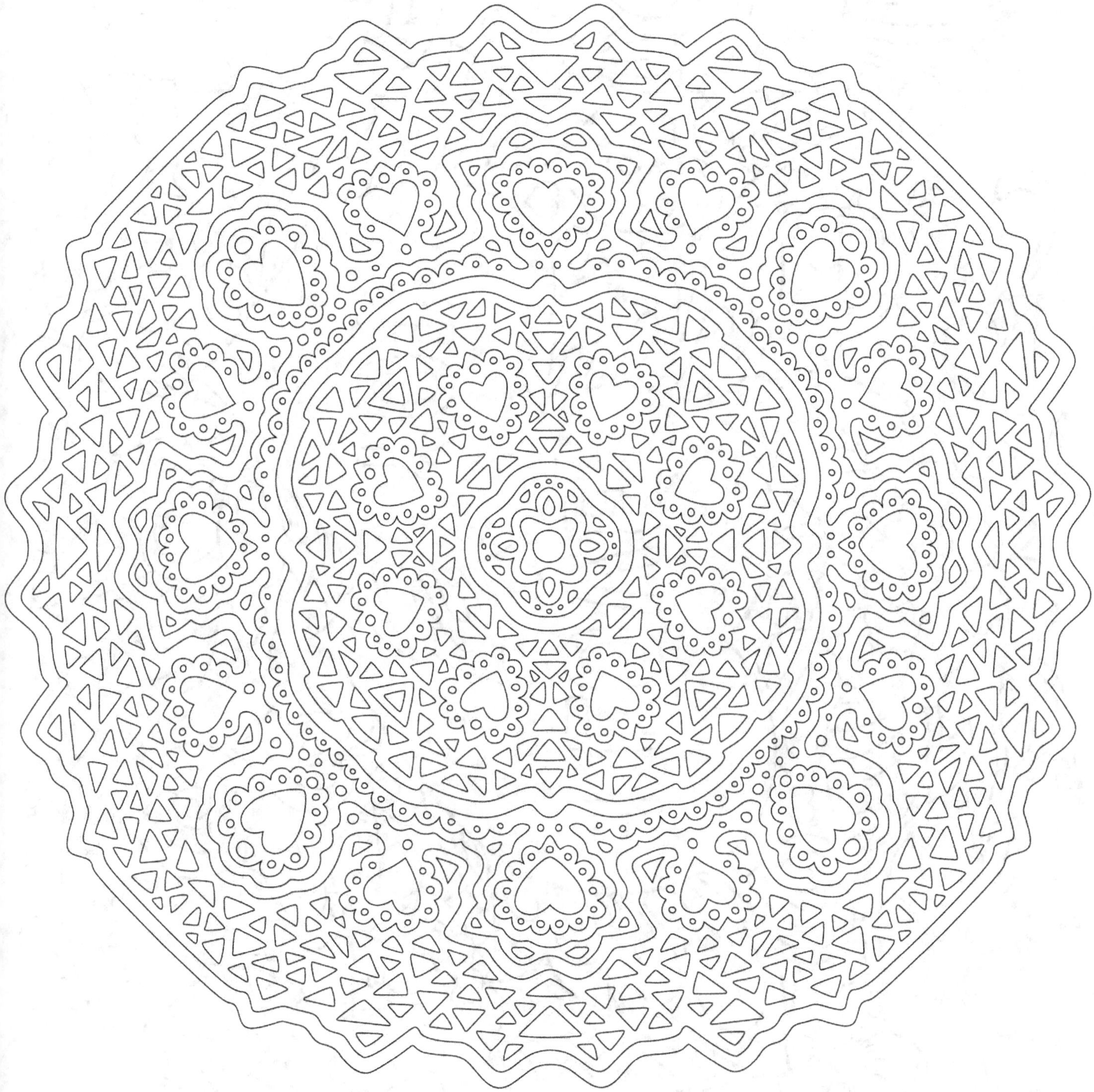

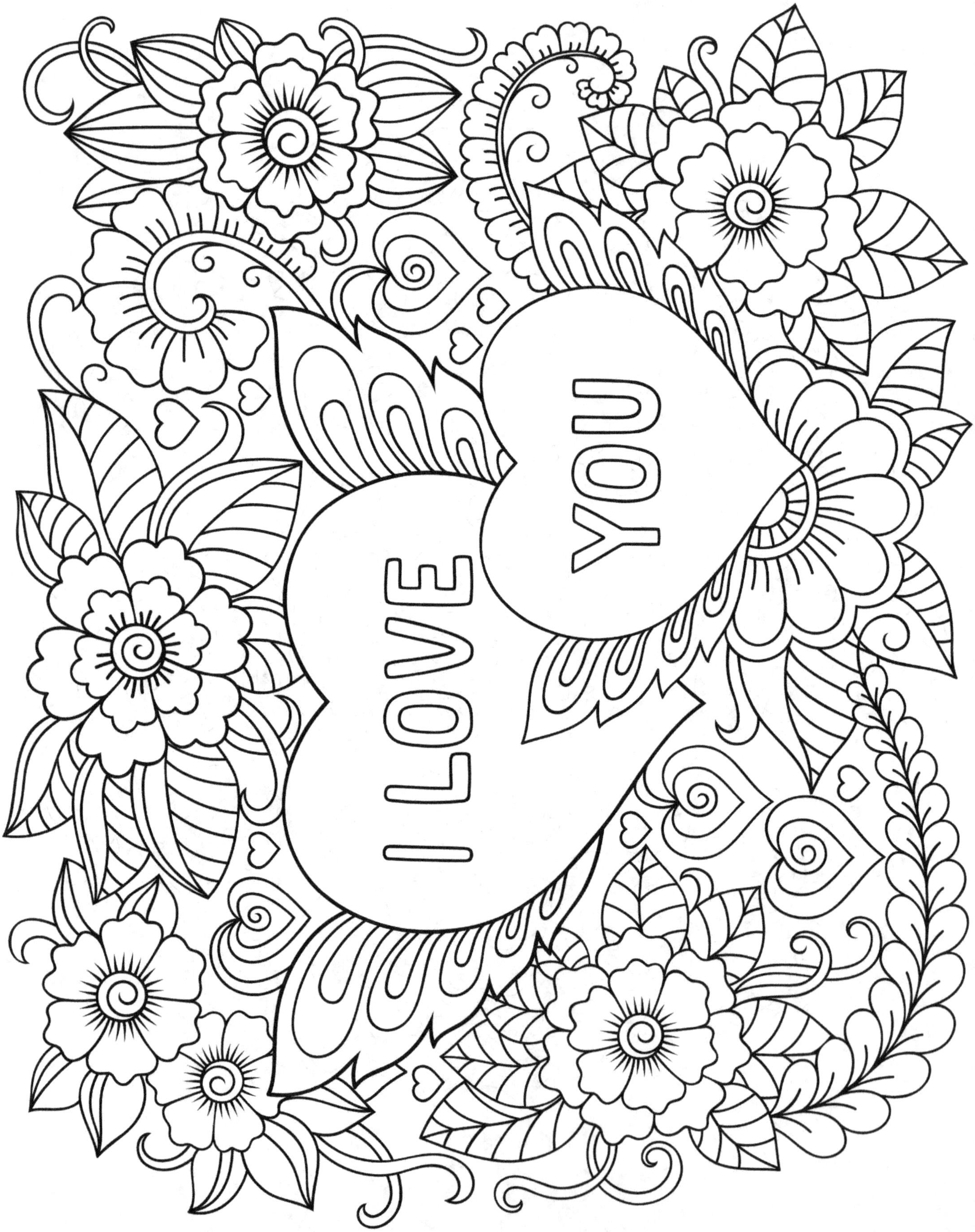
I LOVE
YOU

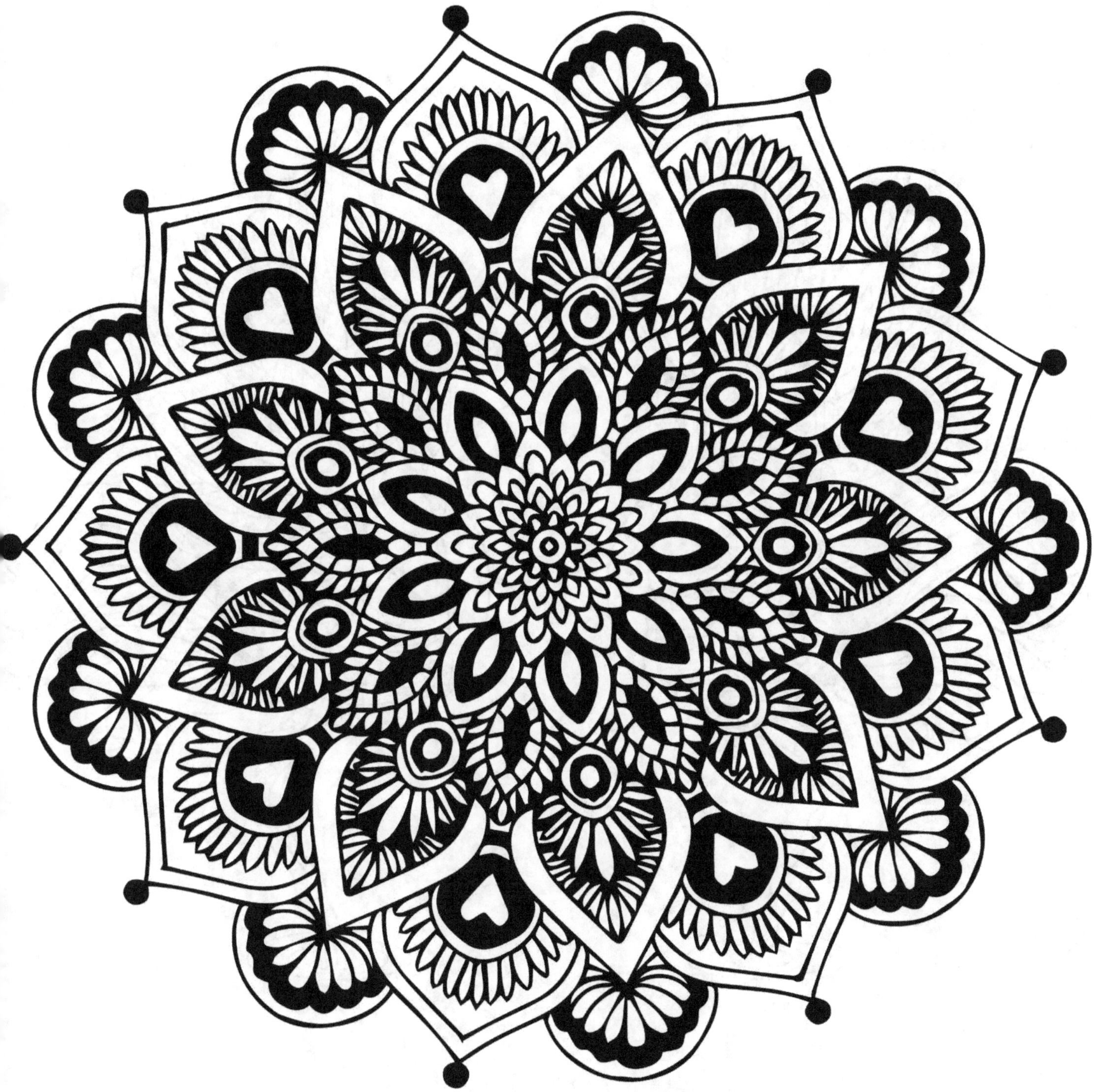

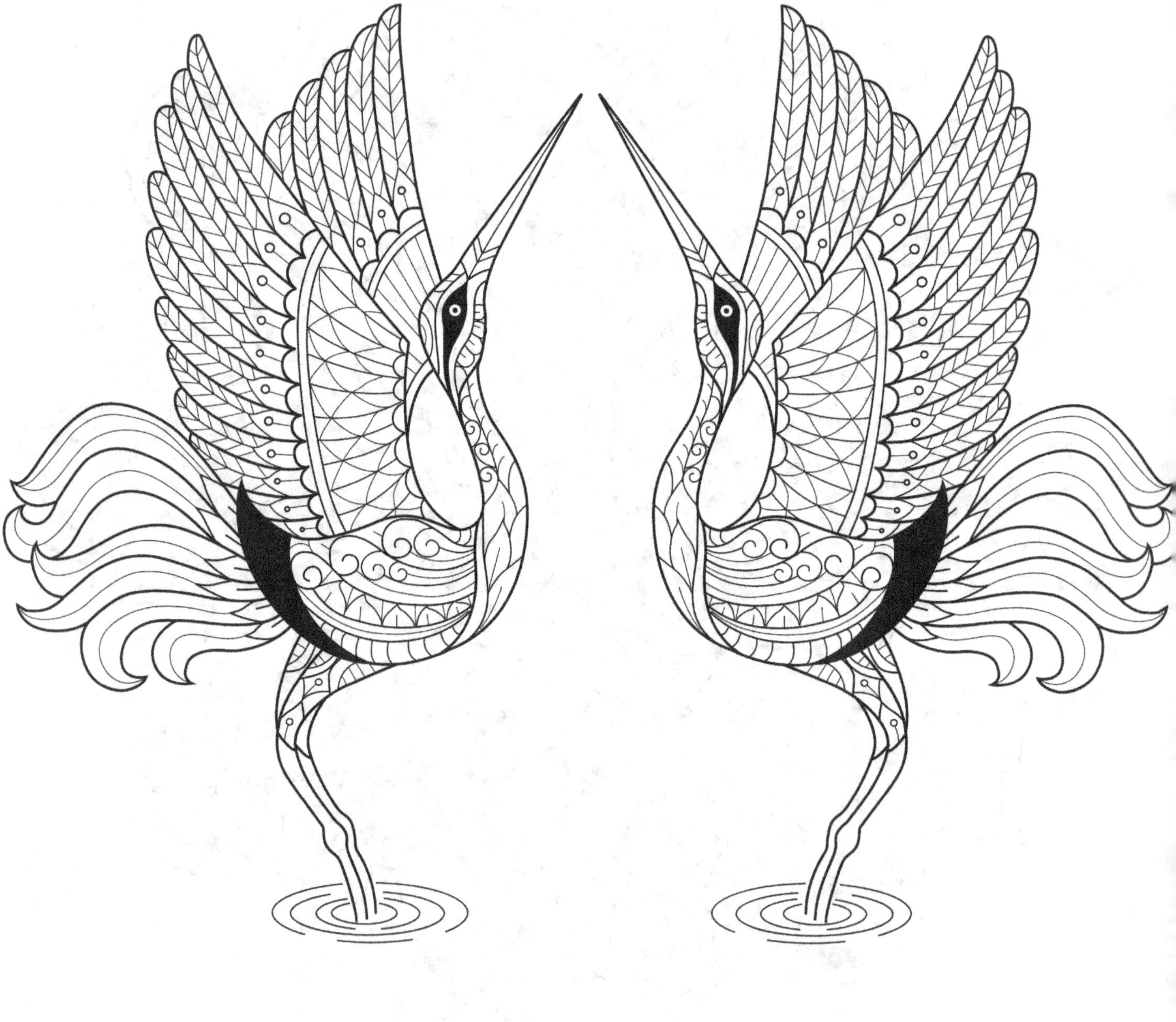

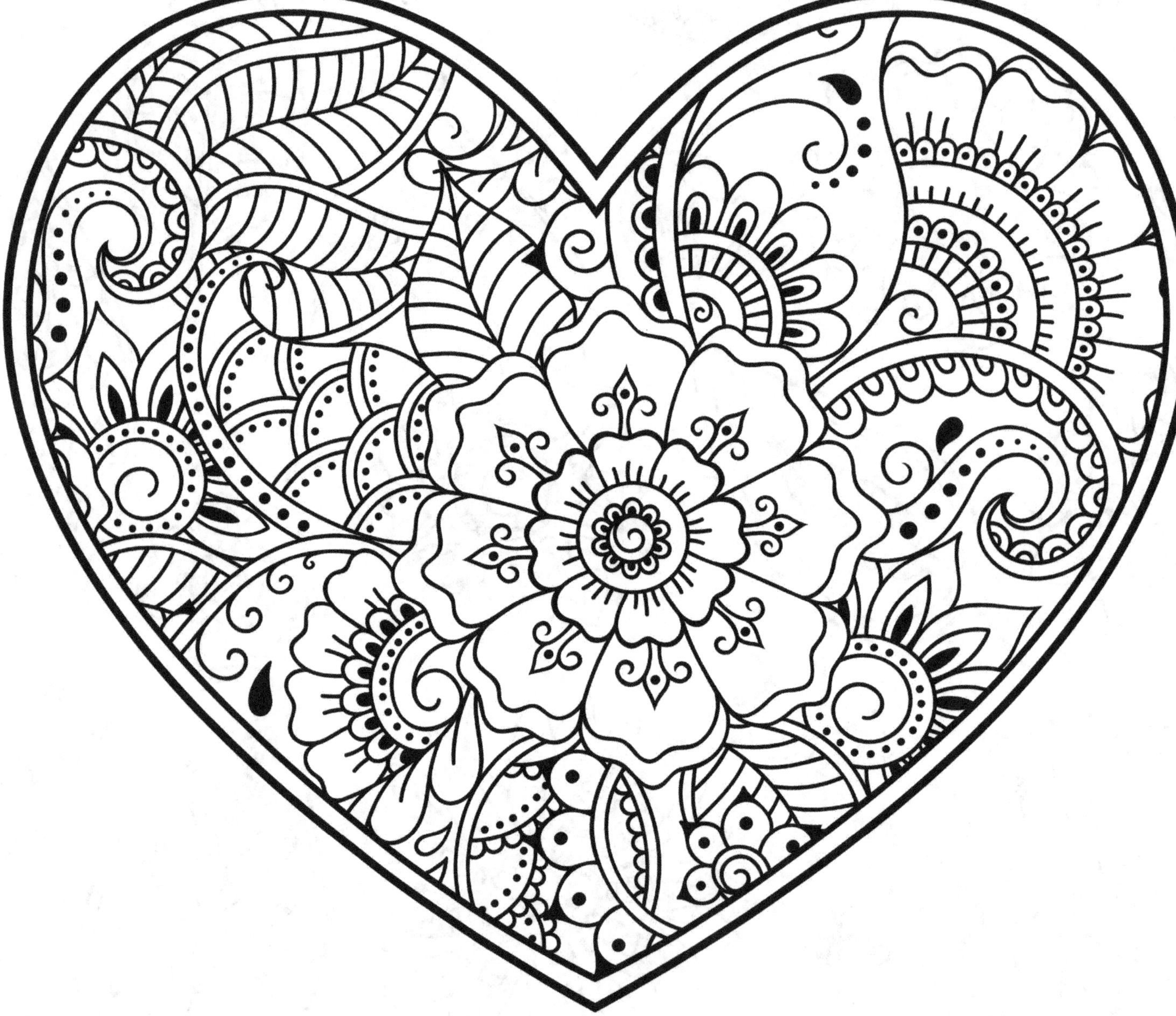

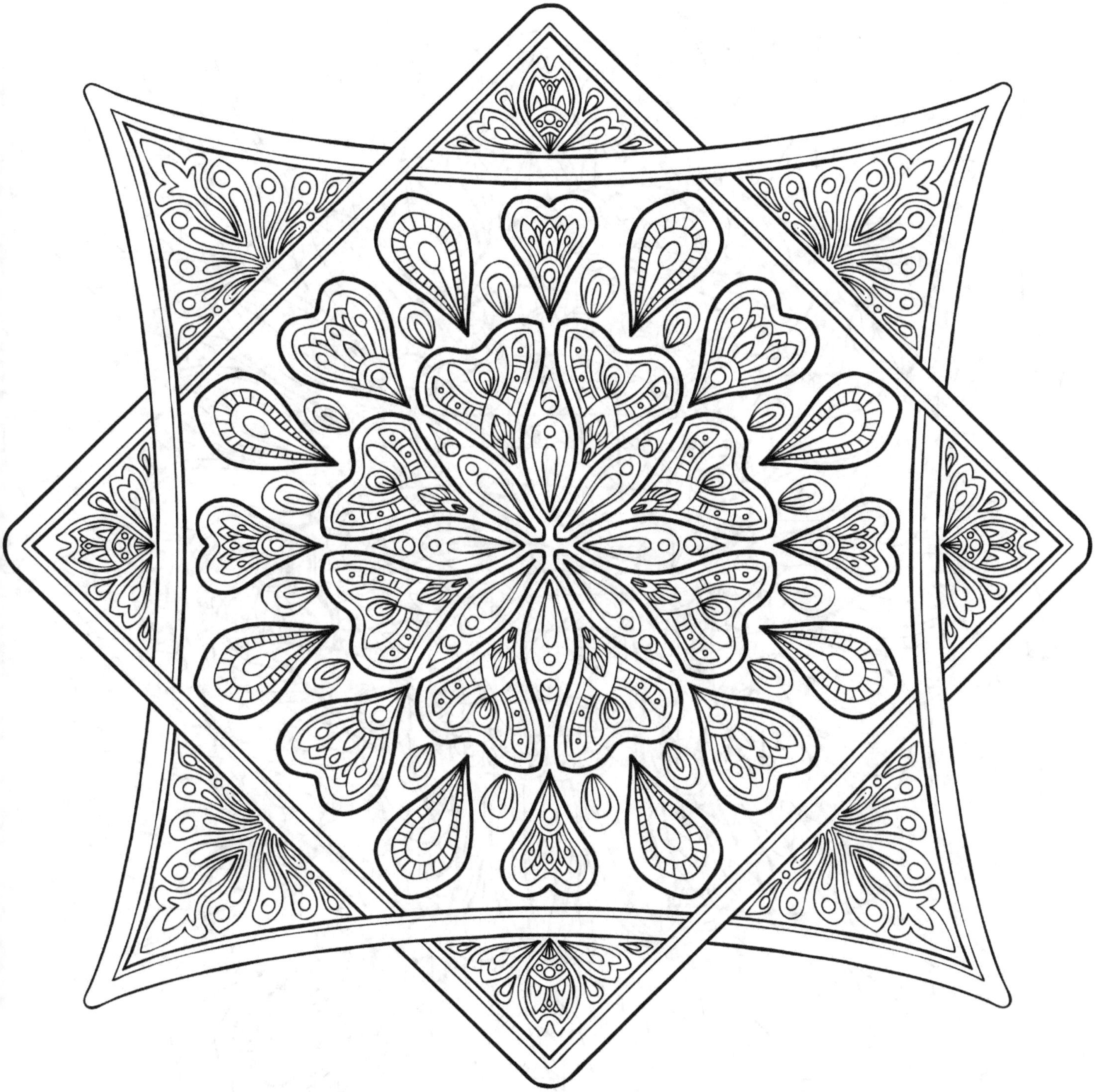

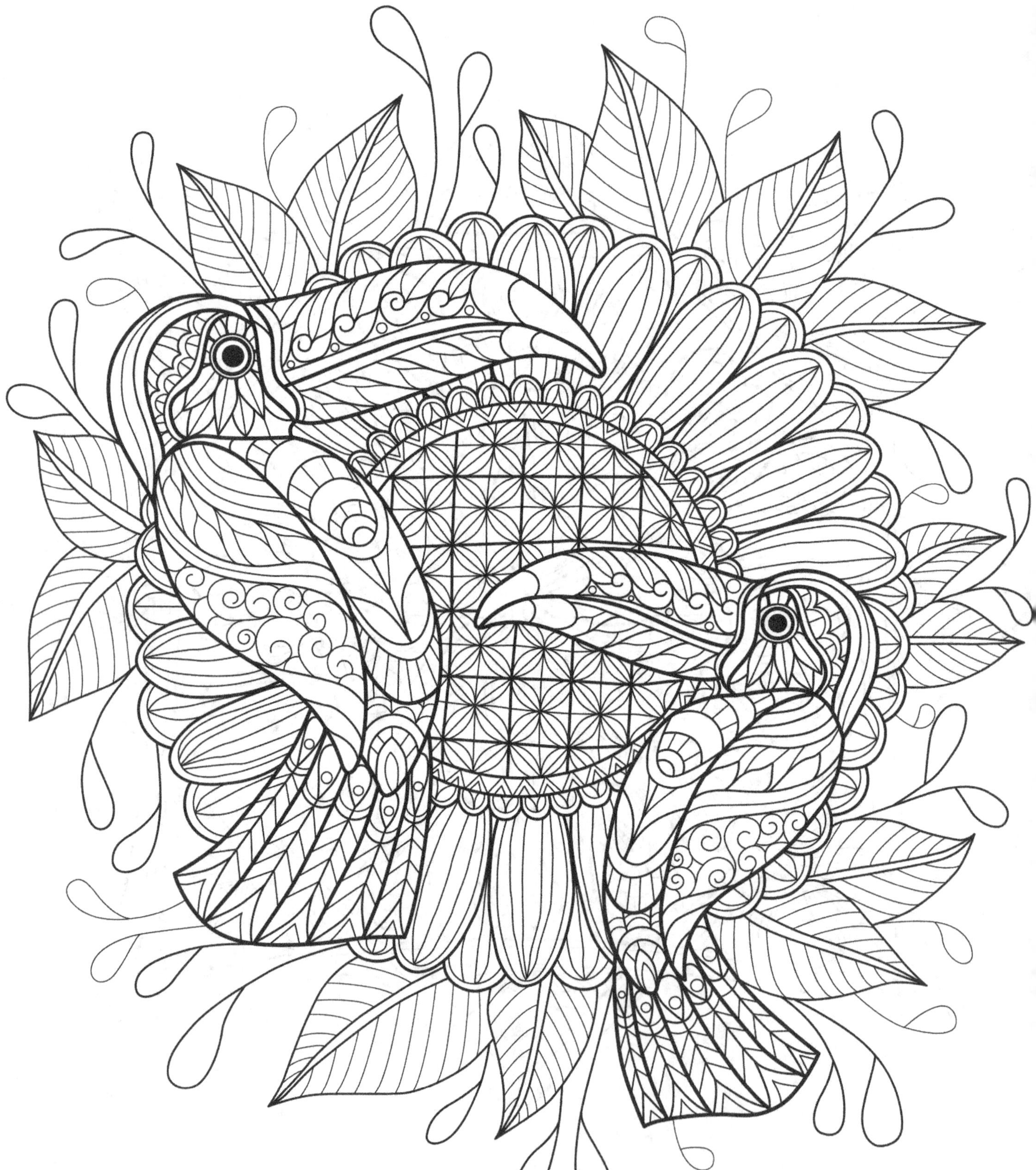

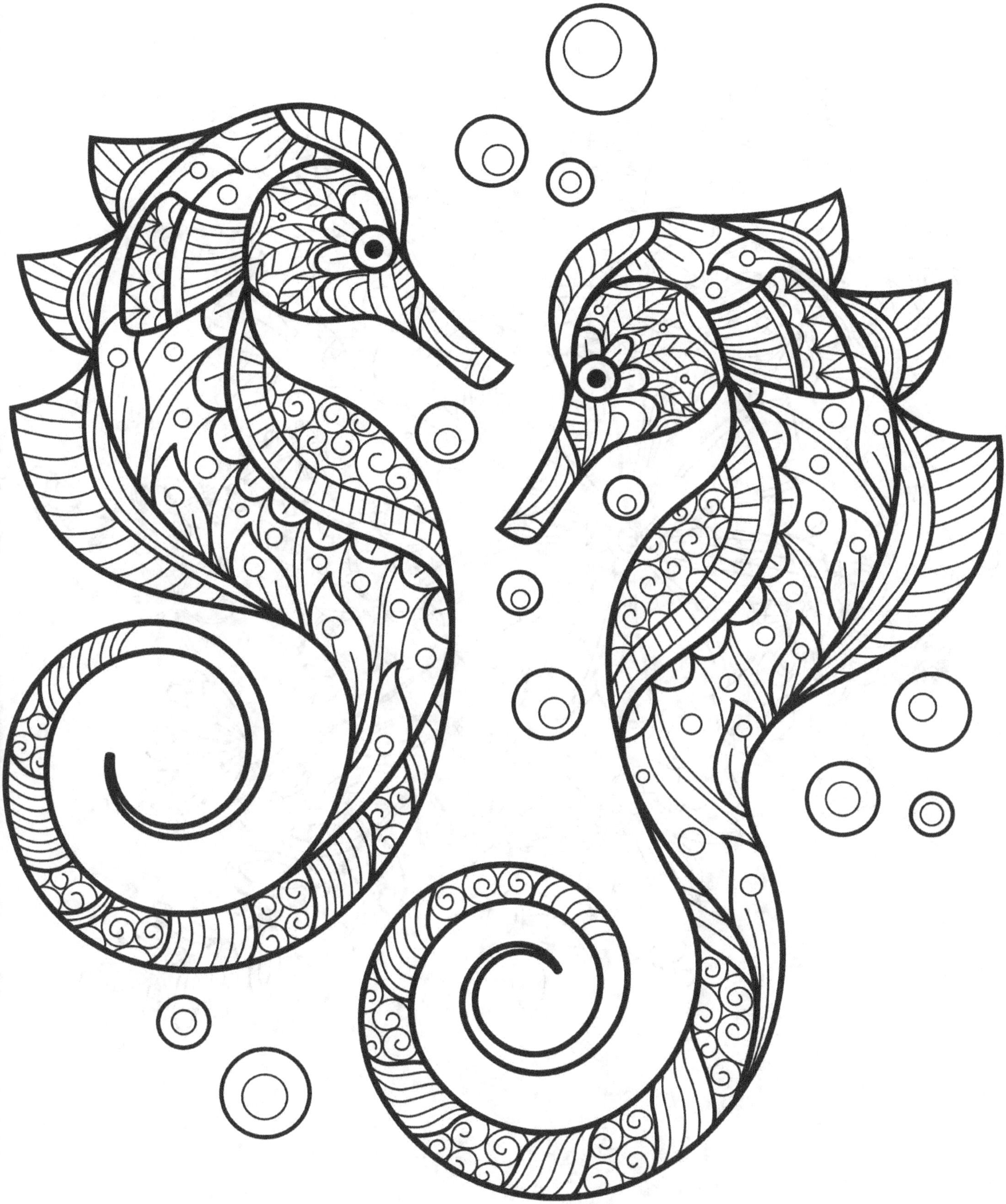

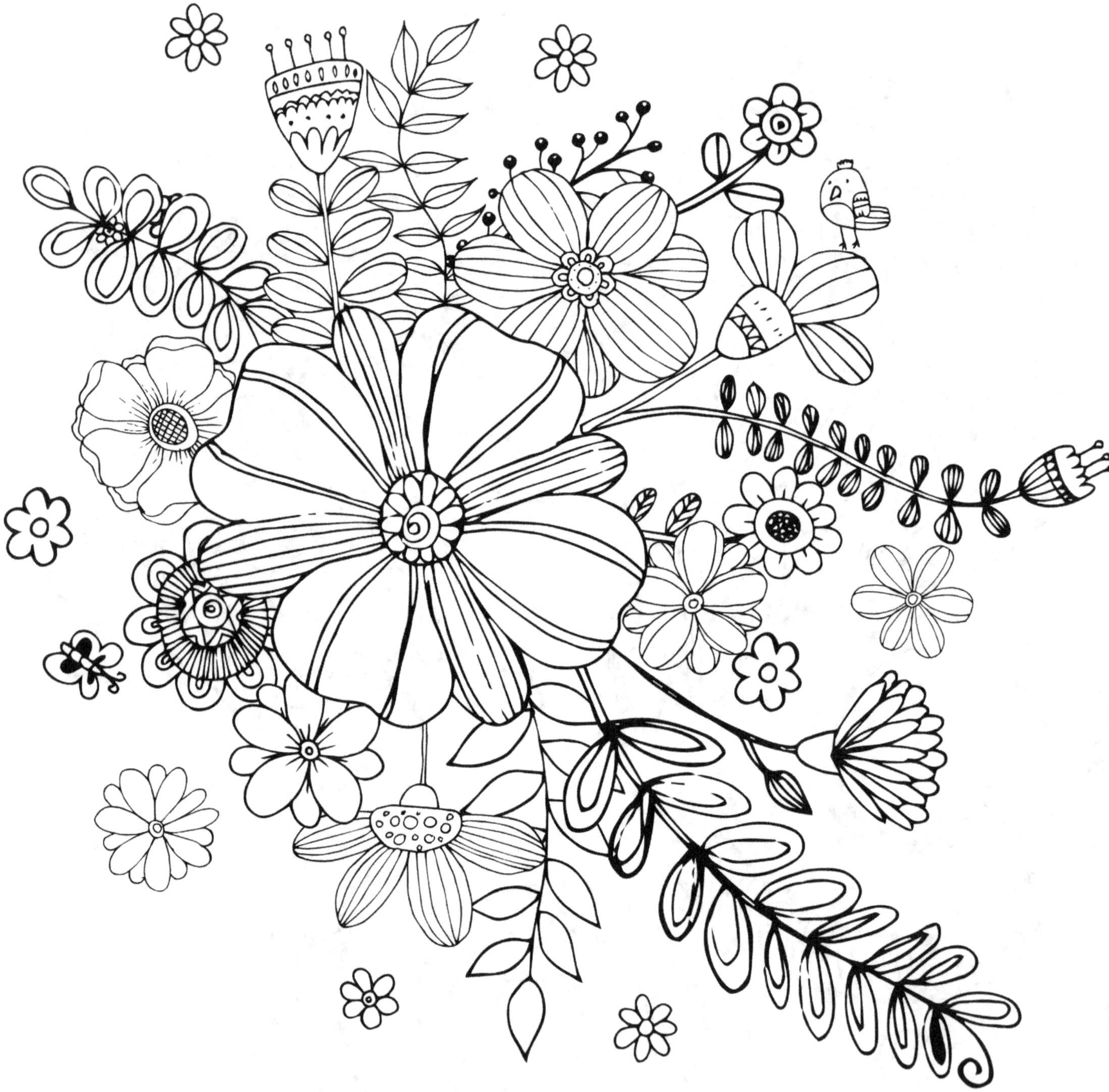

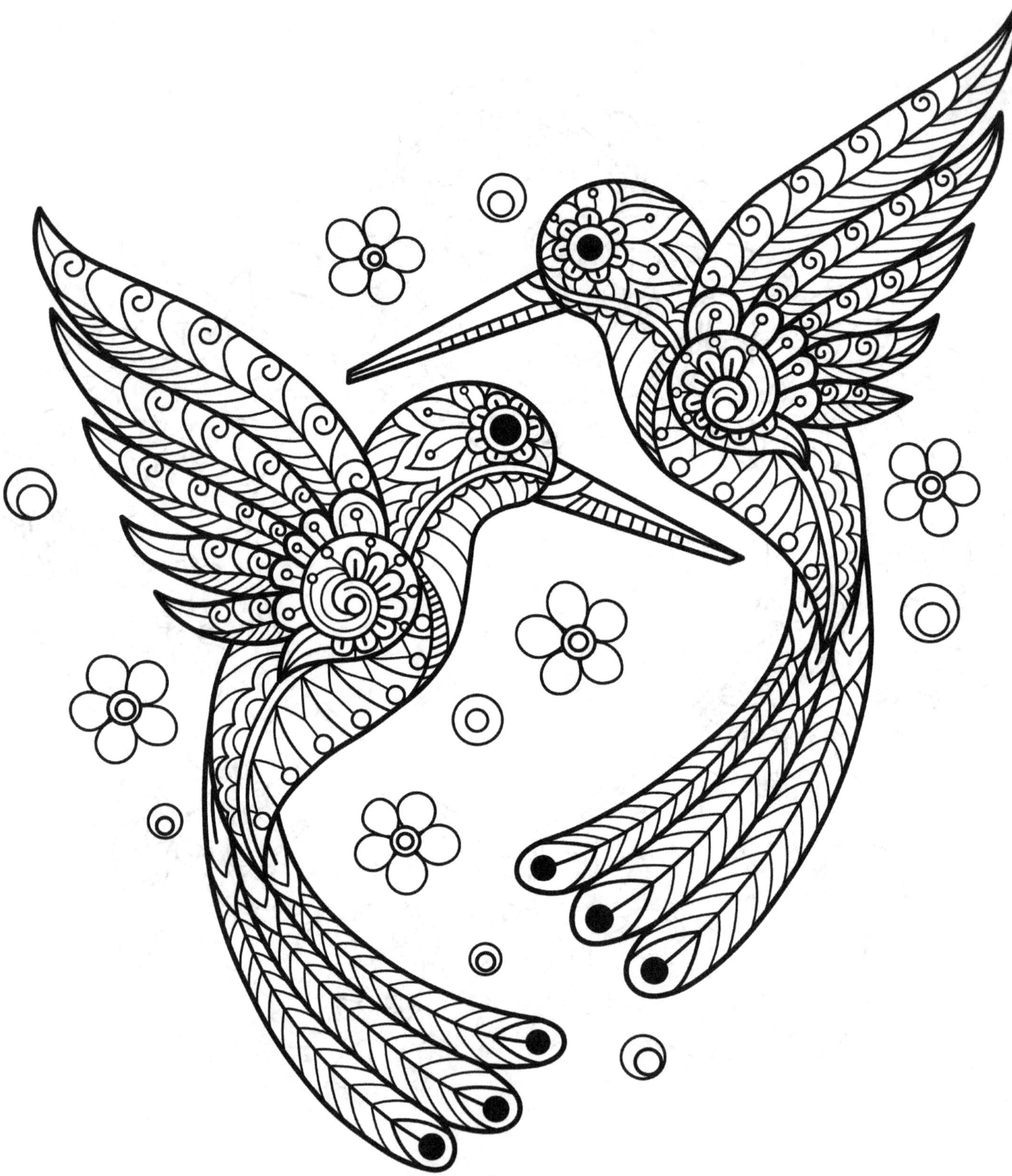

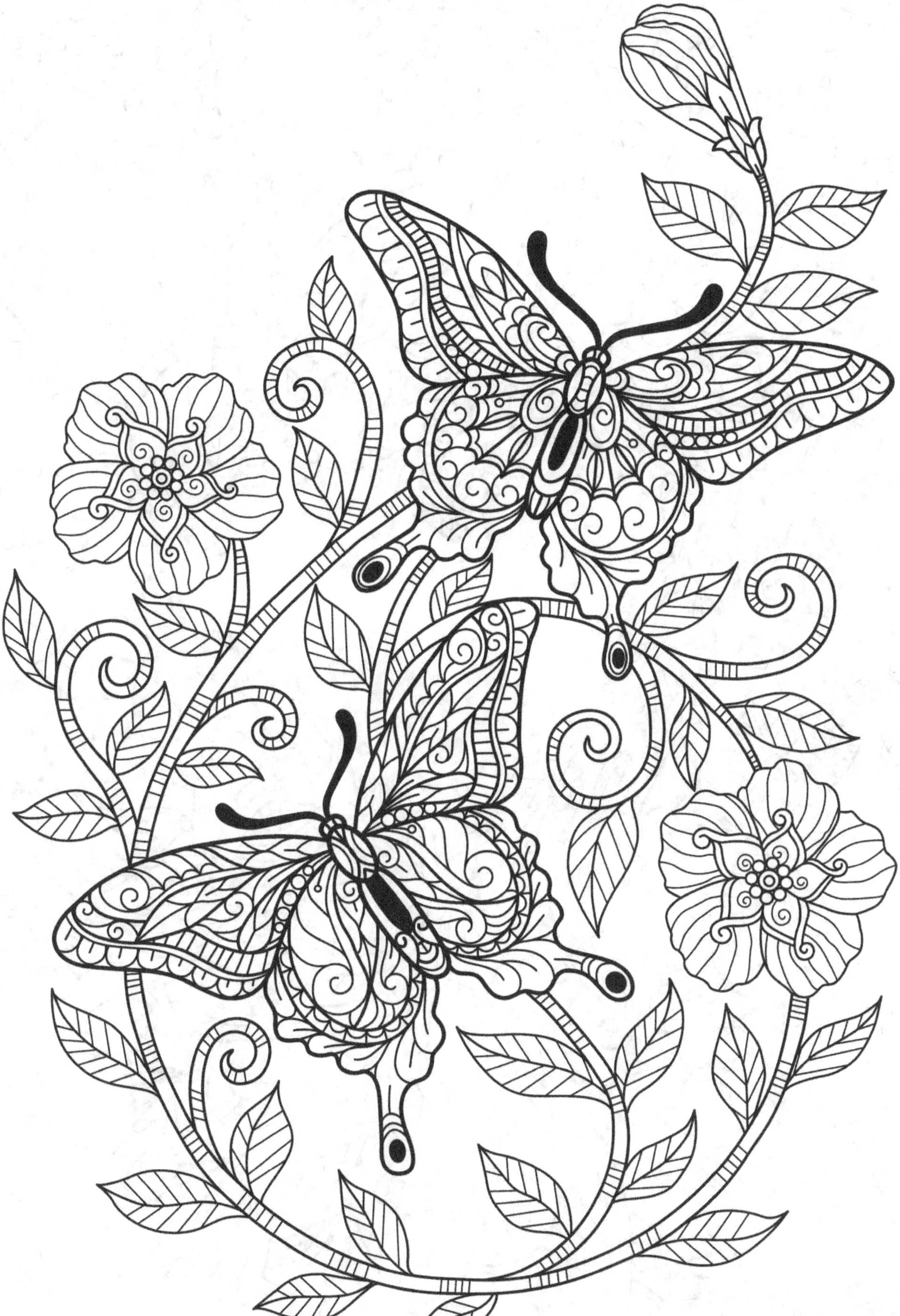

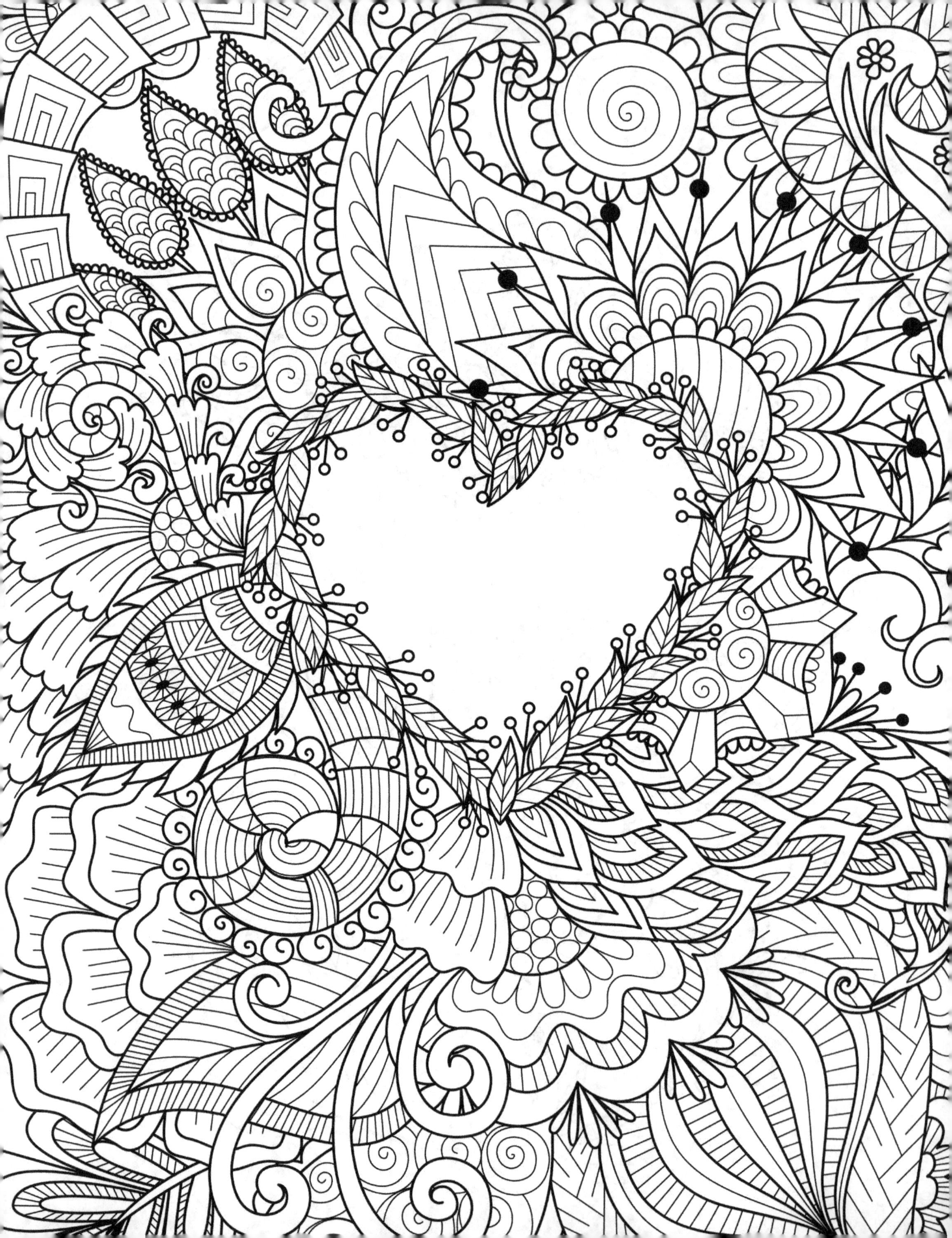

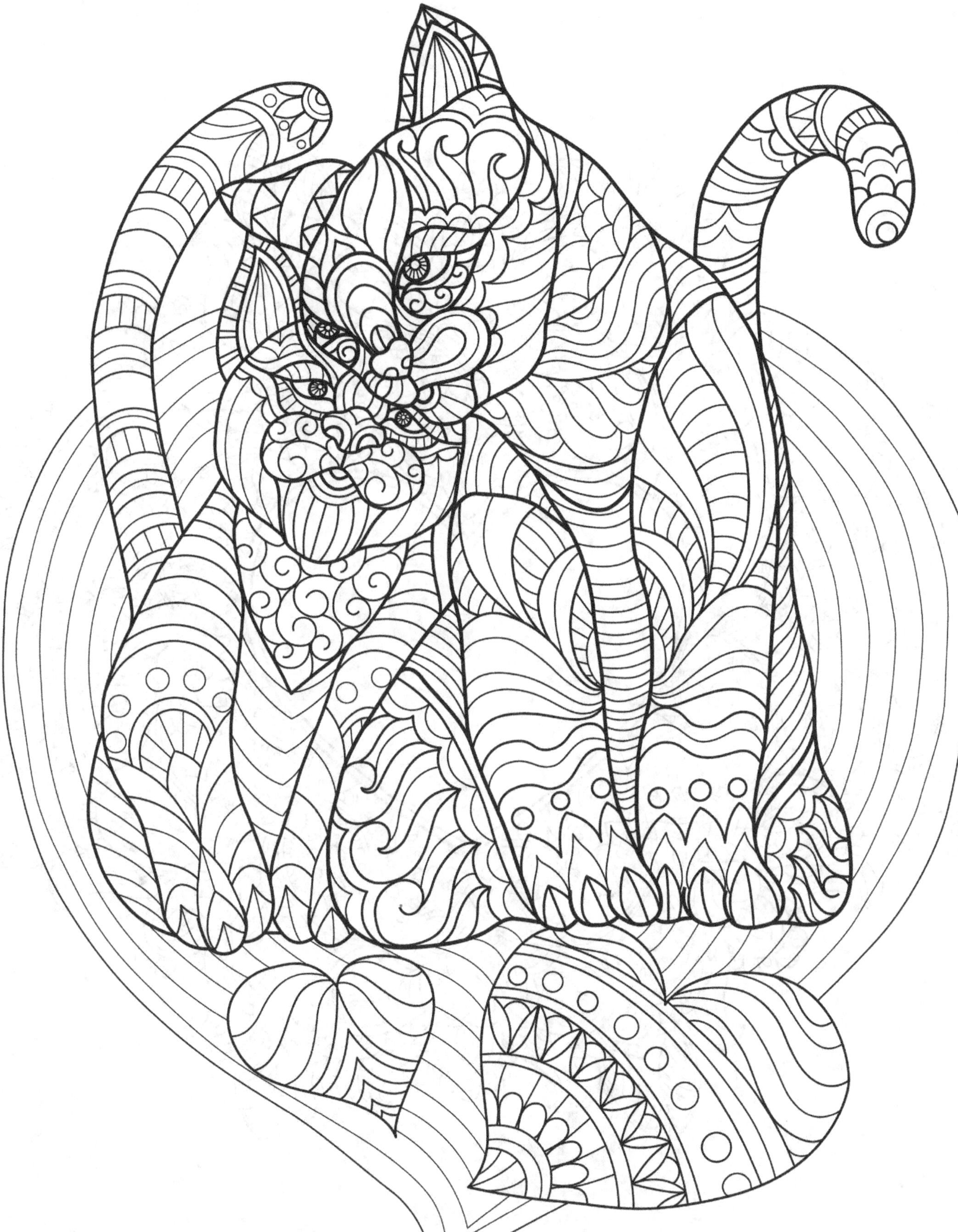

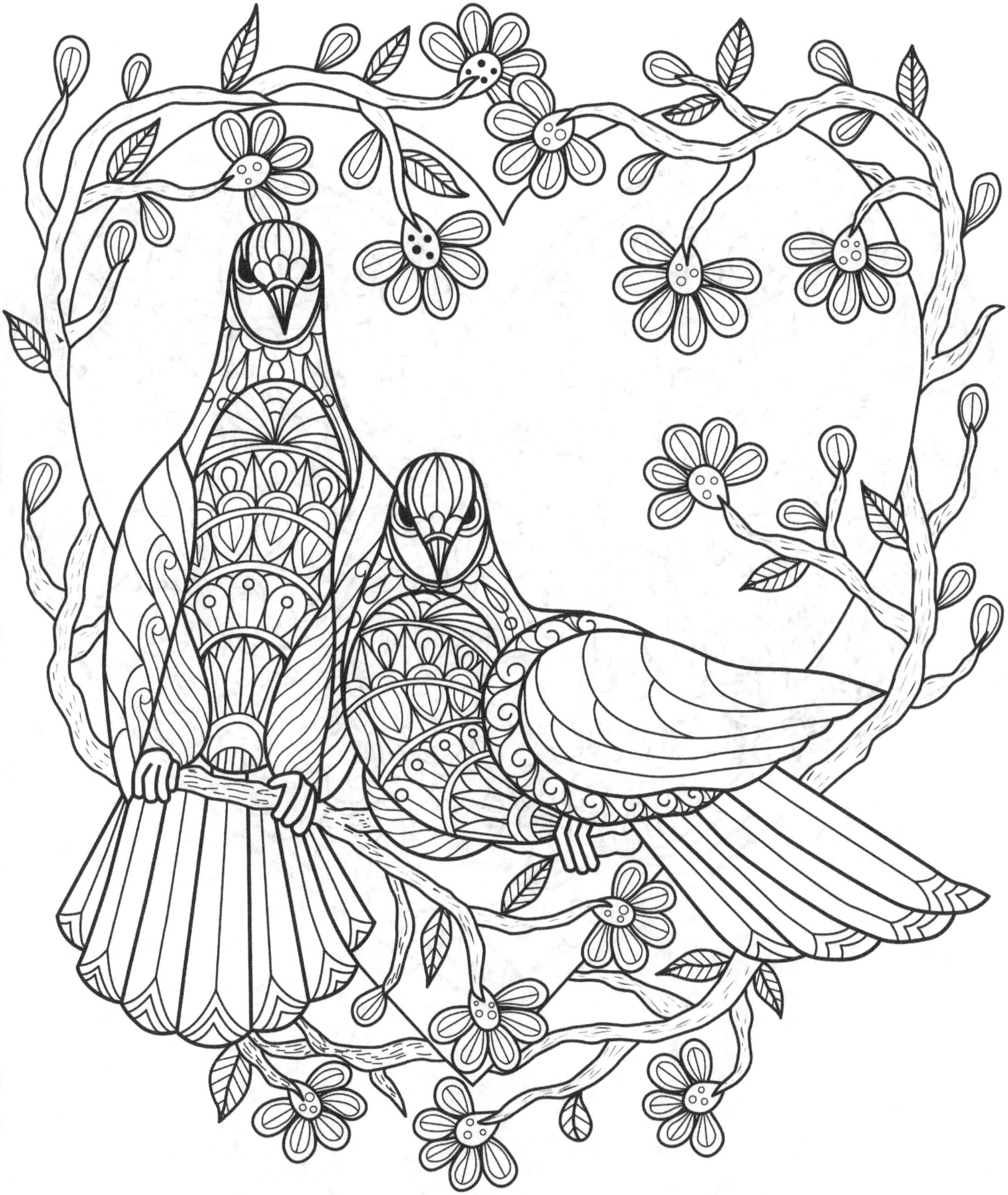

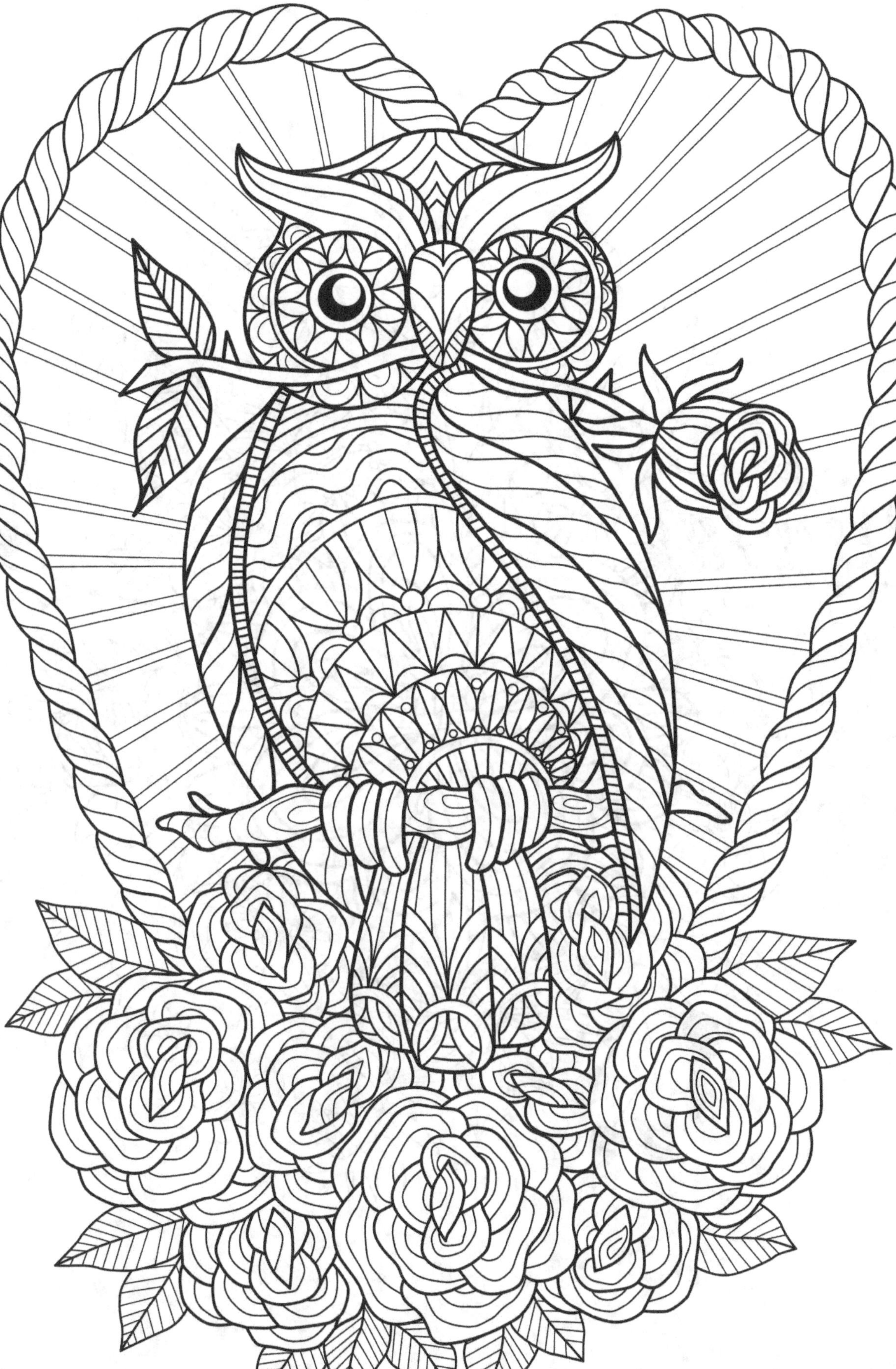

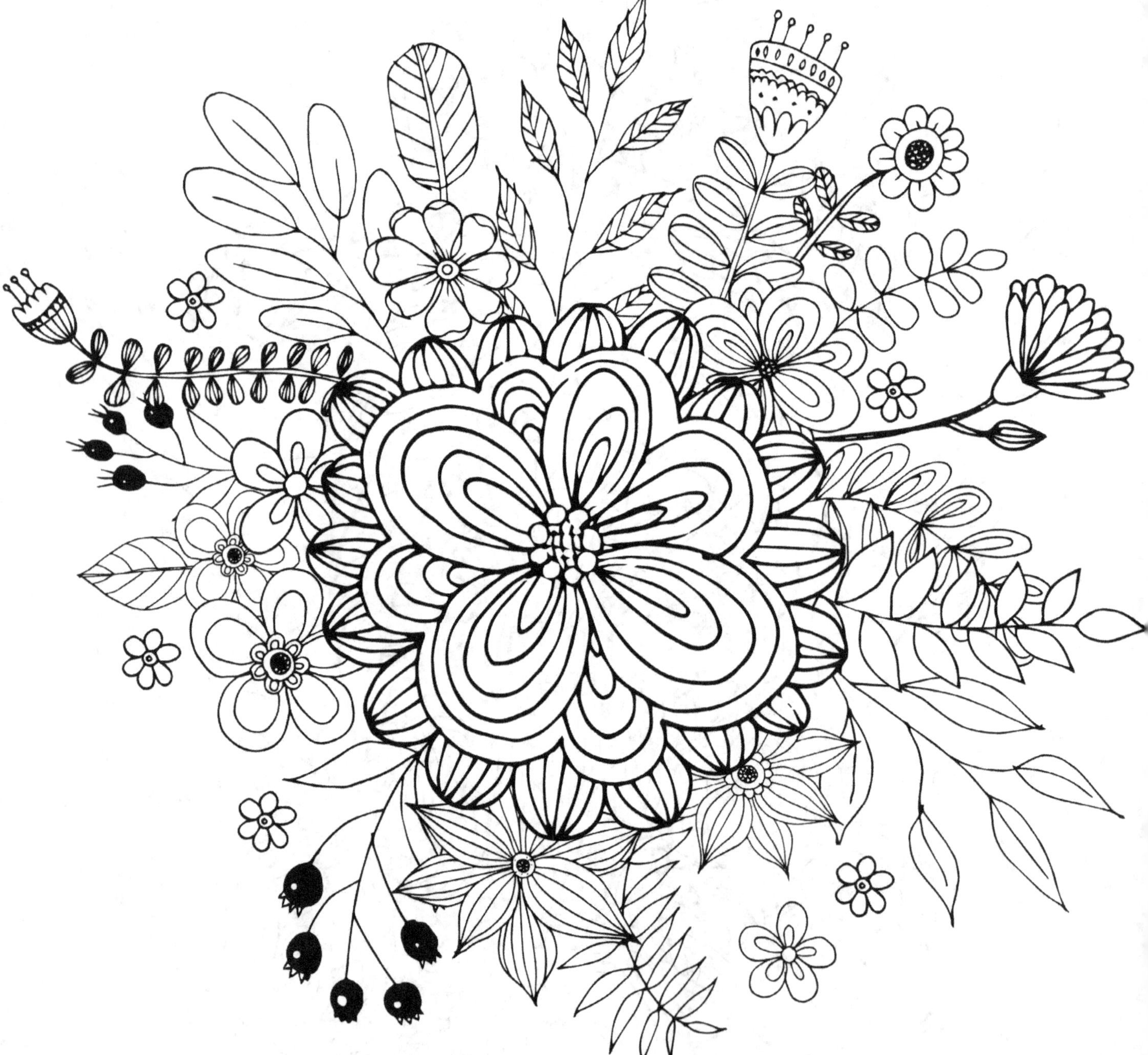

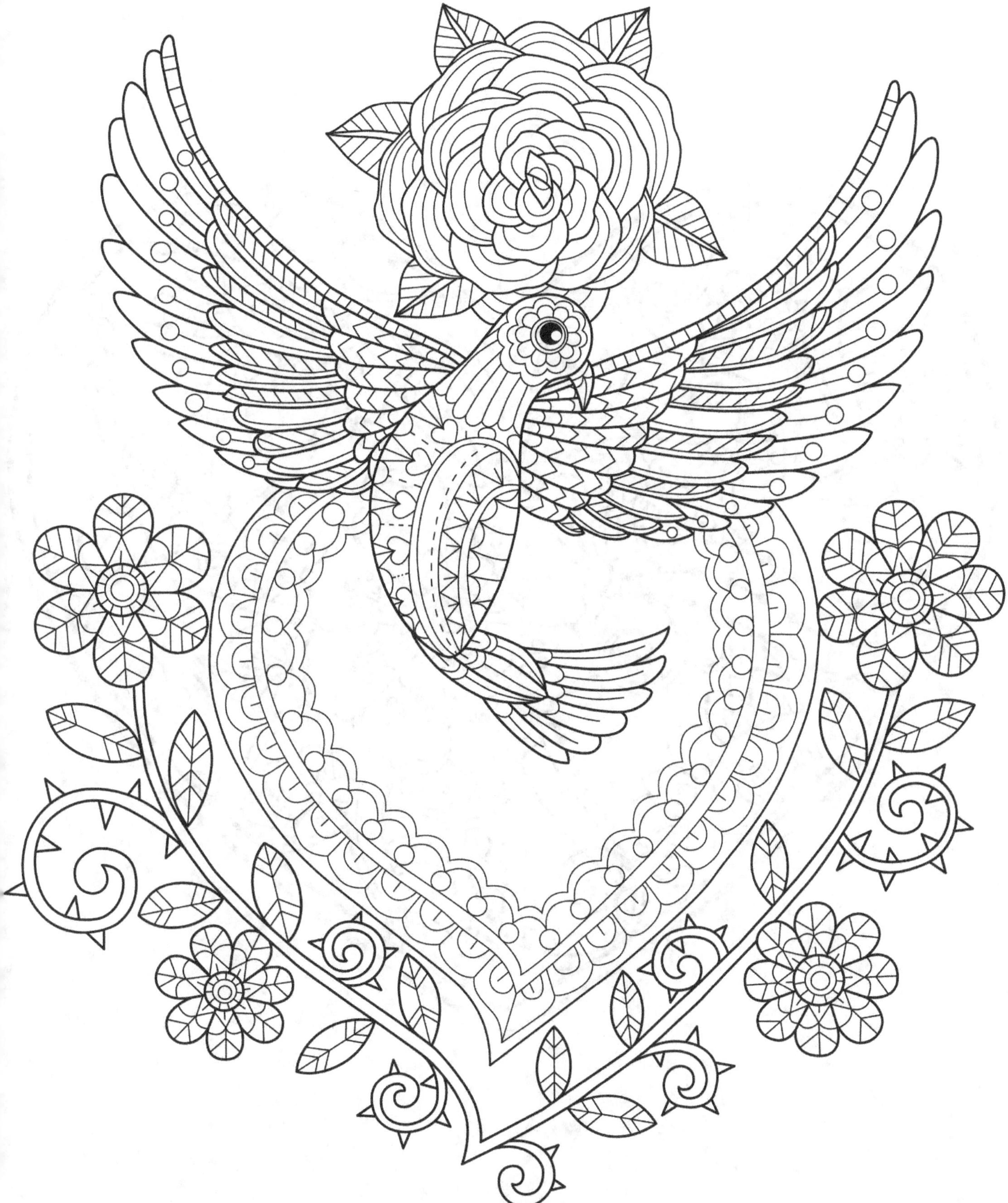

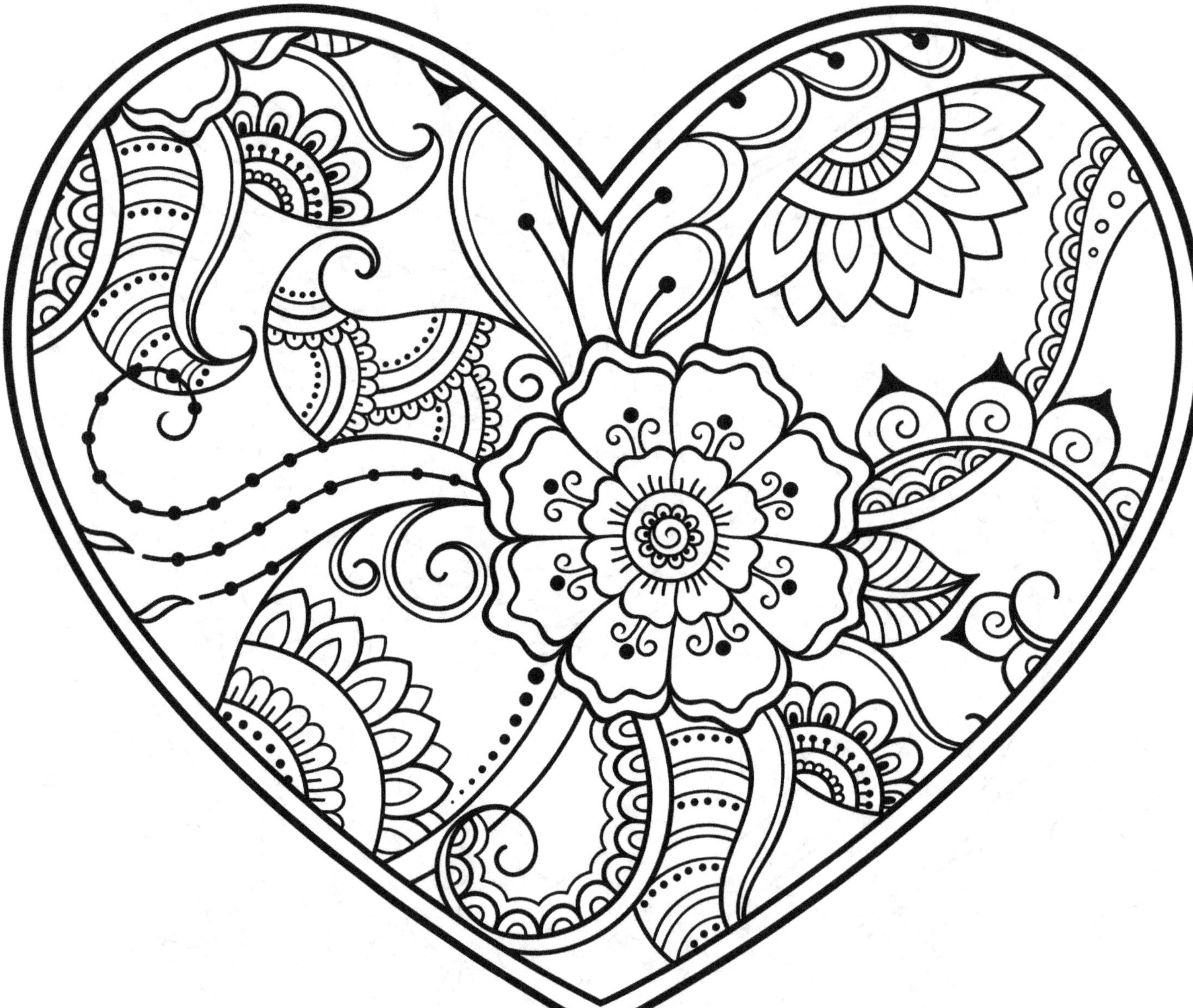

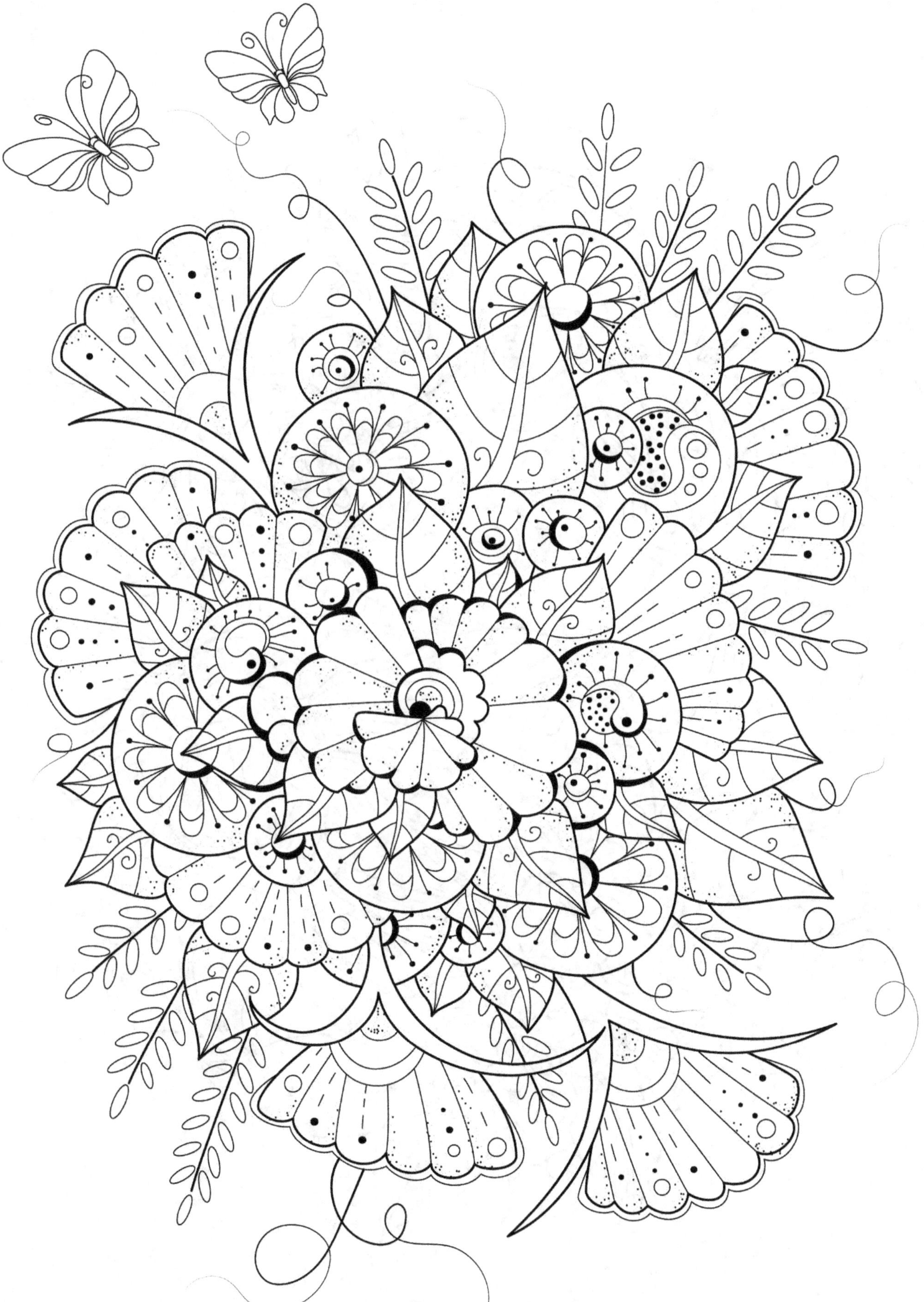

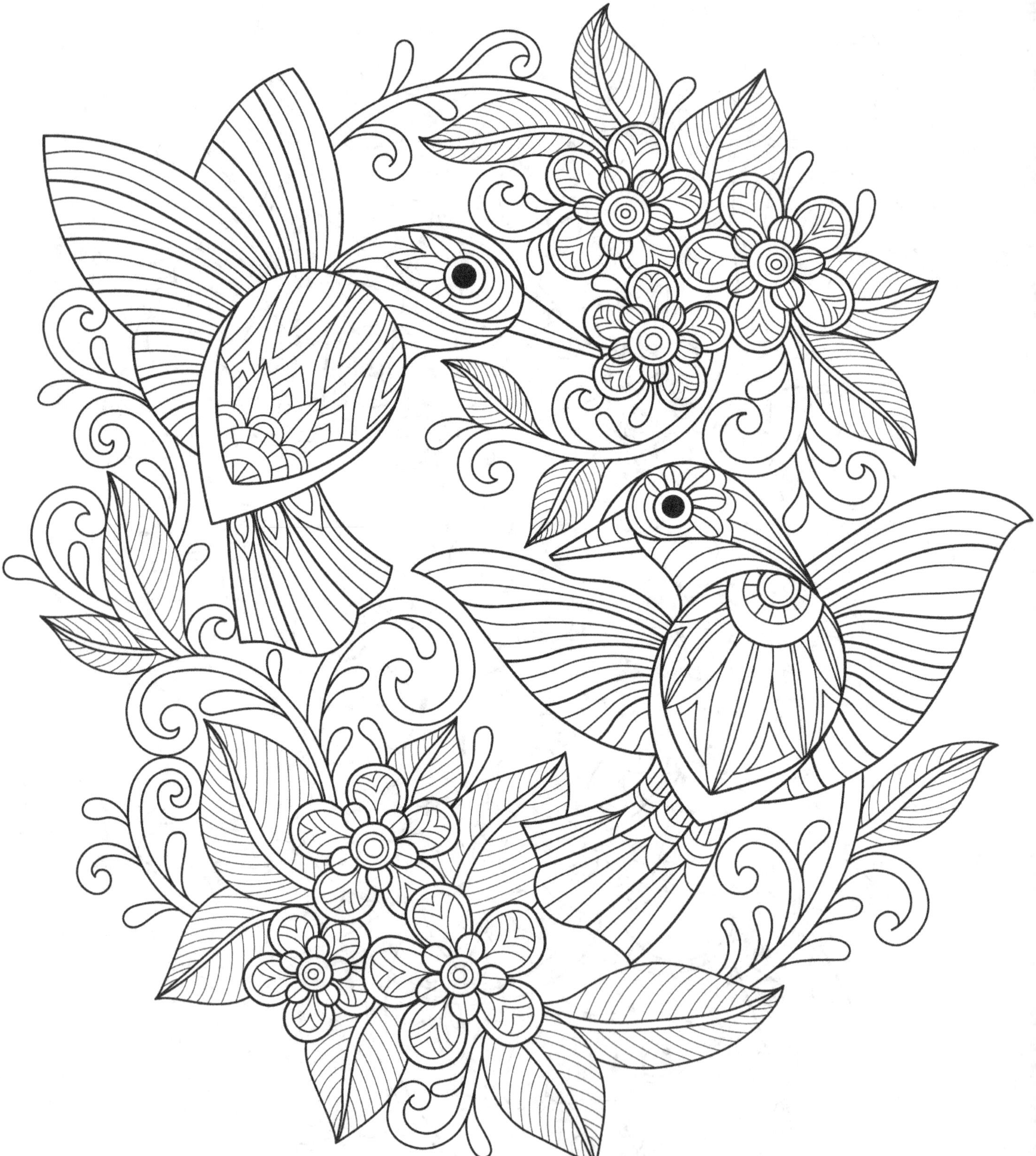

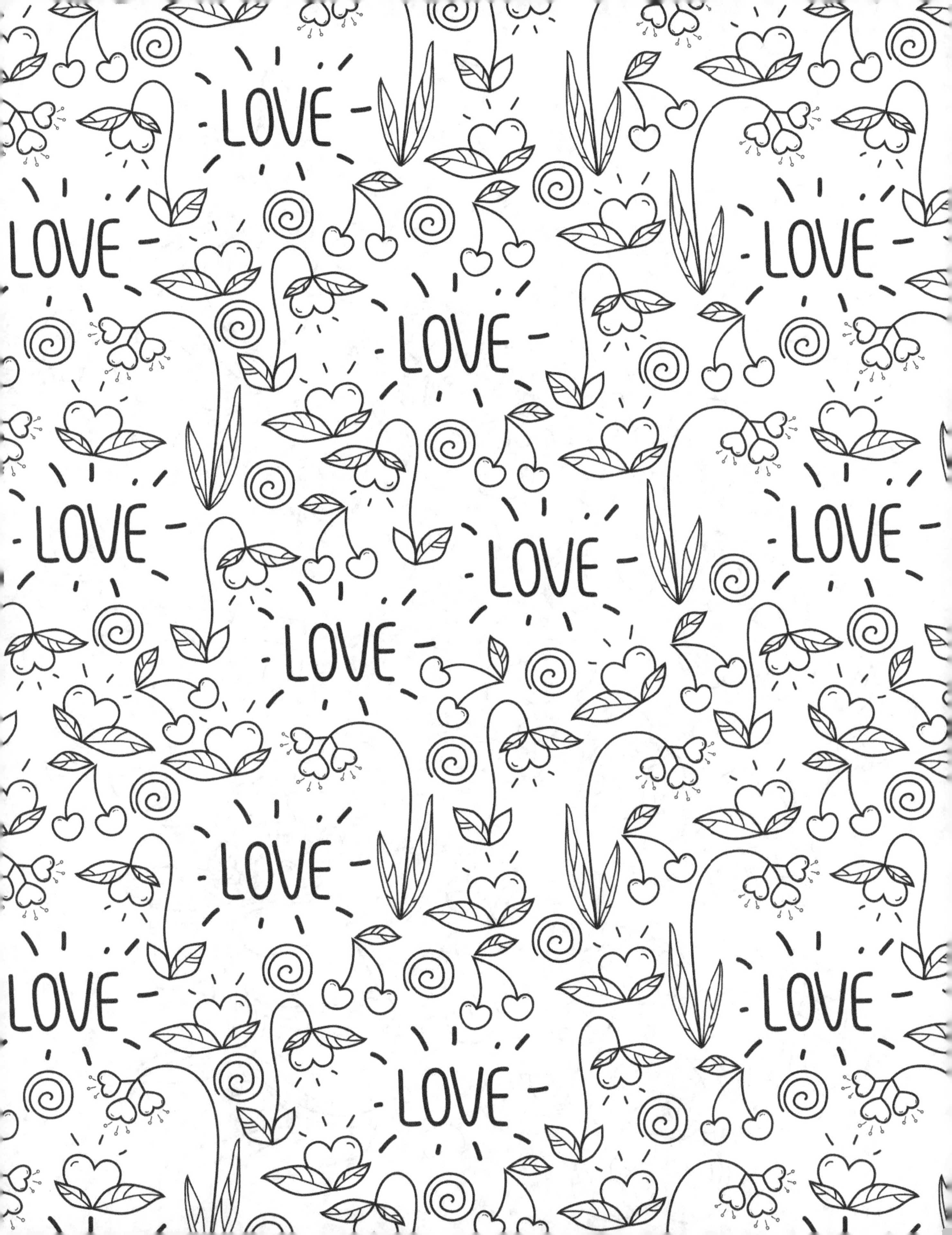
LOVE
LOVE
LOVE
LOVE
LOVE
LOVE
LOVE
LOVE
LOVE
LOVE
LOVE
LOVE

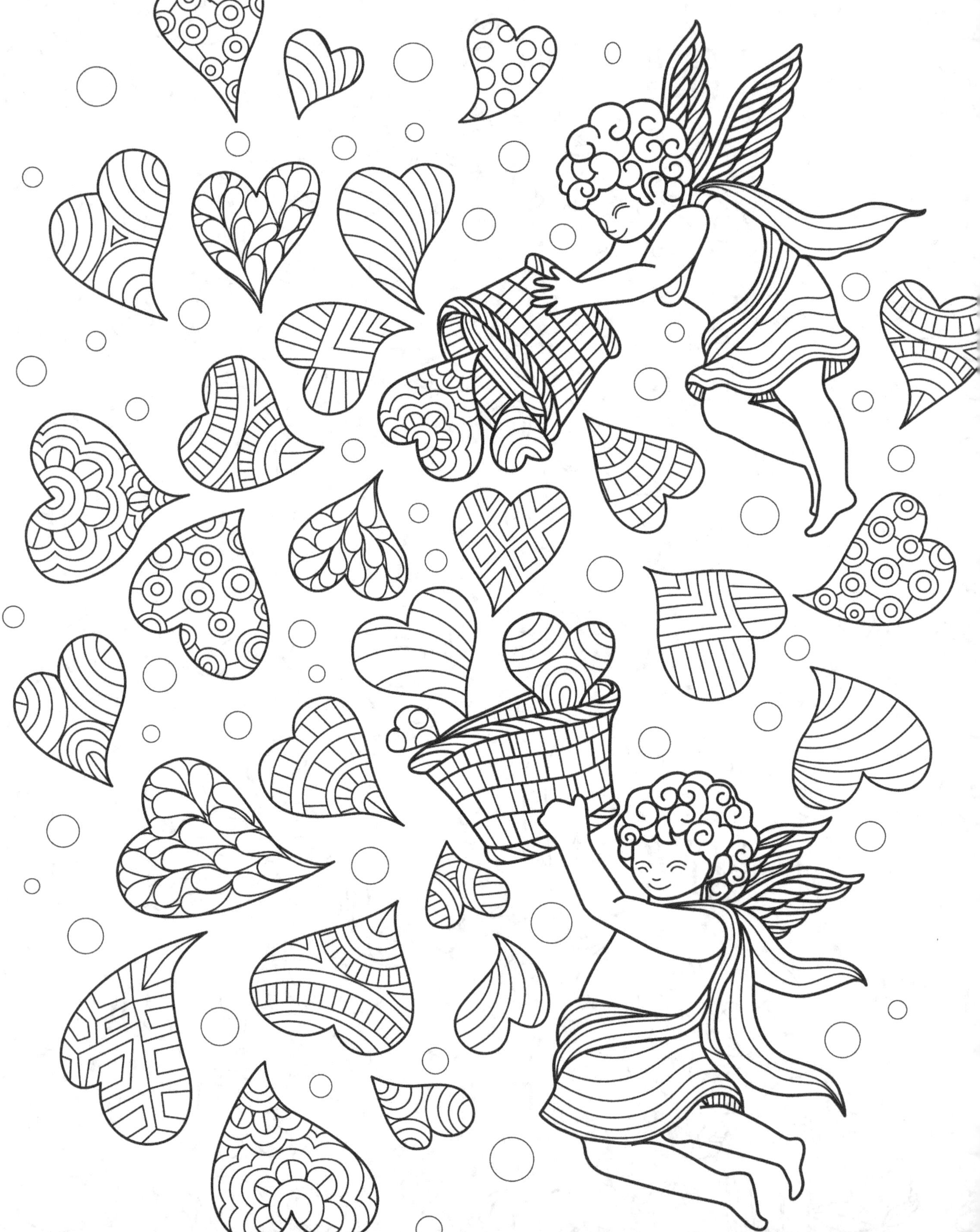

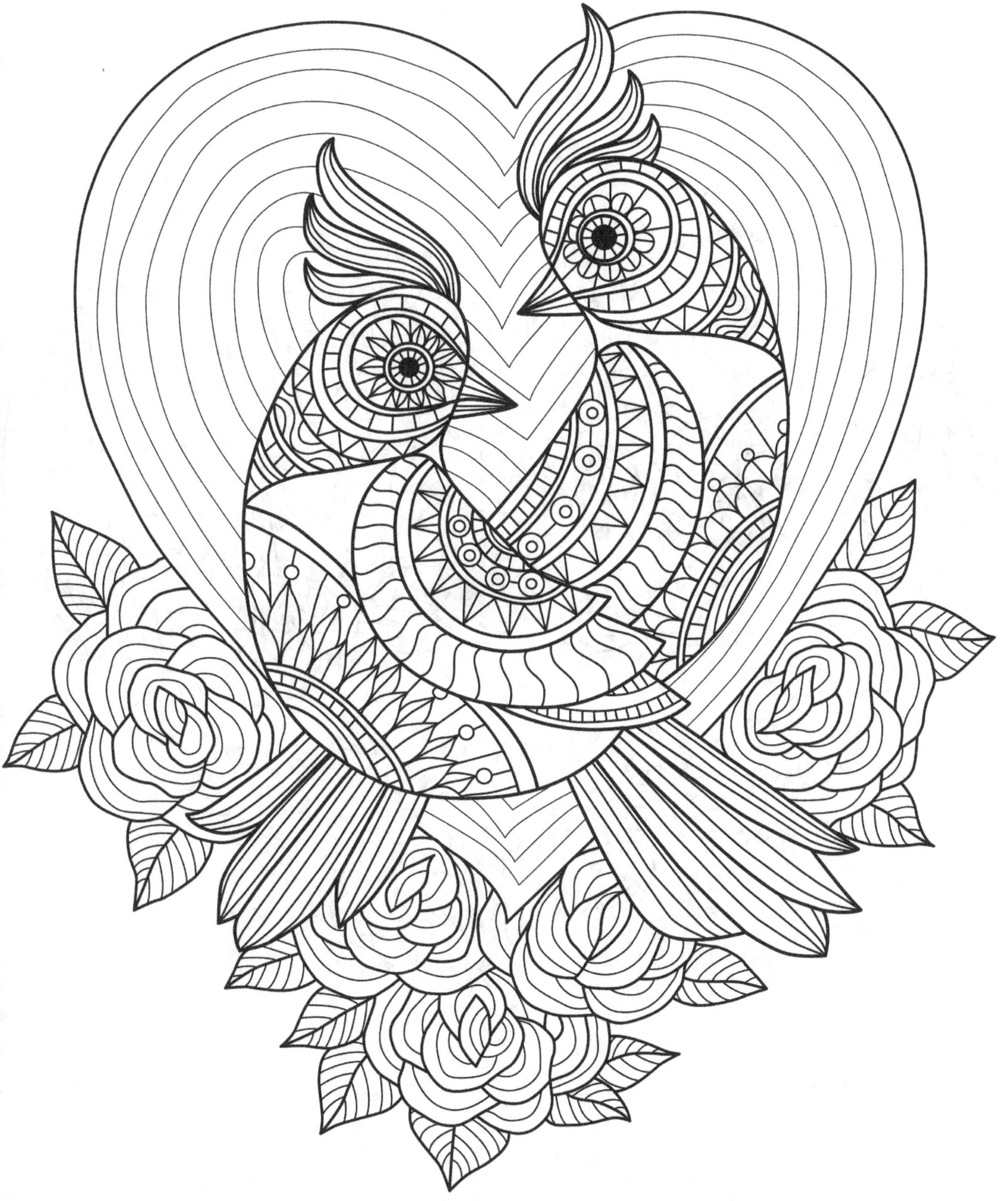

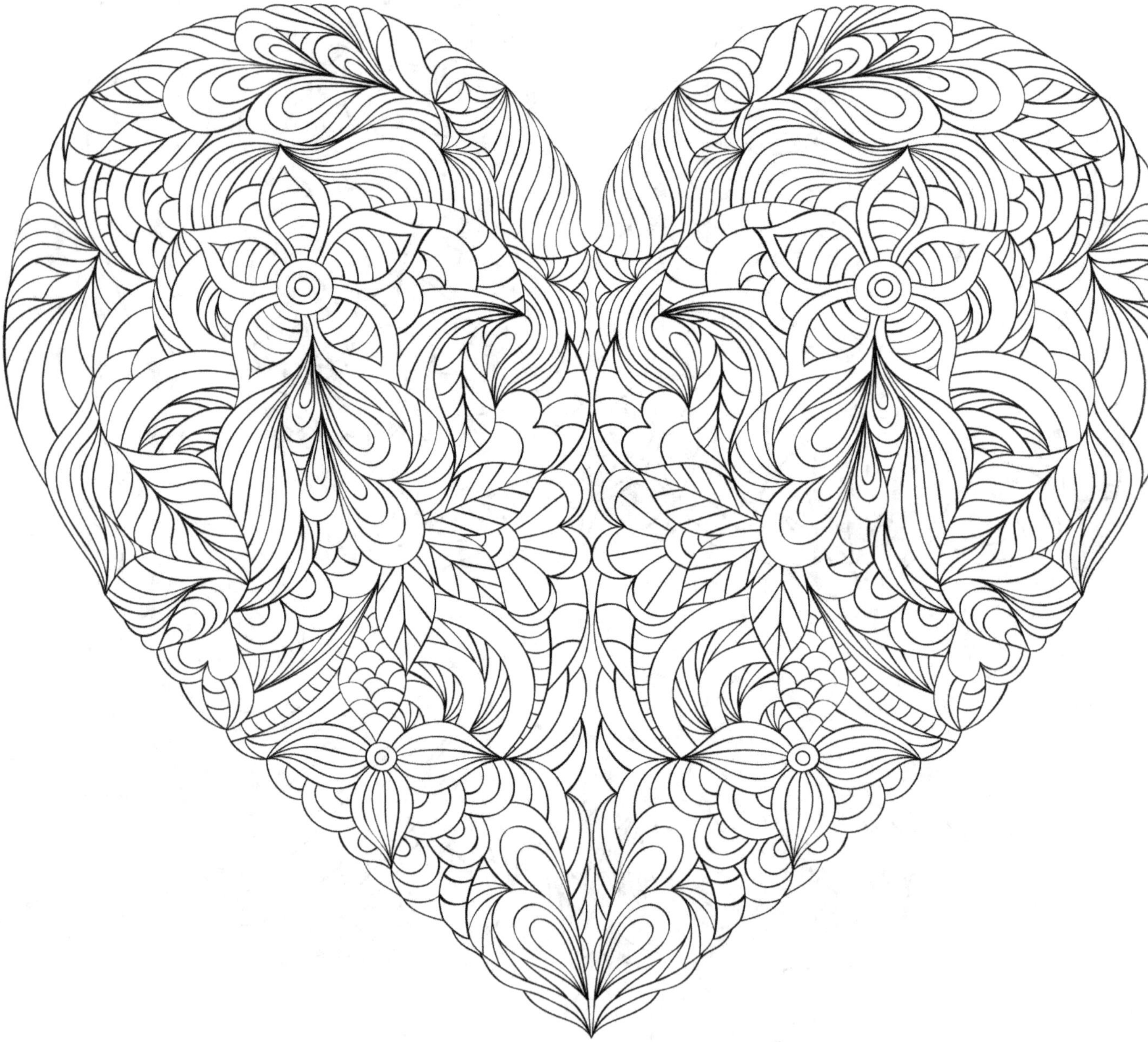

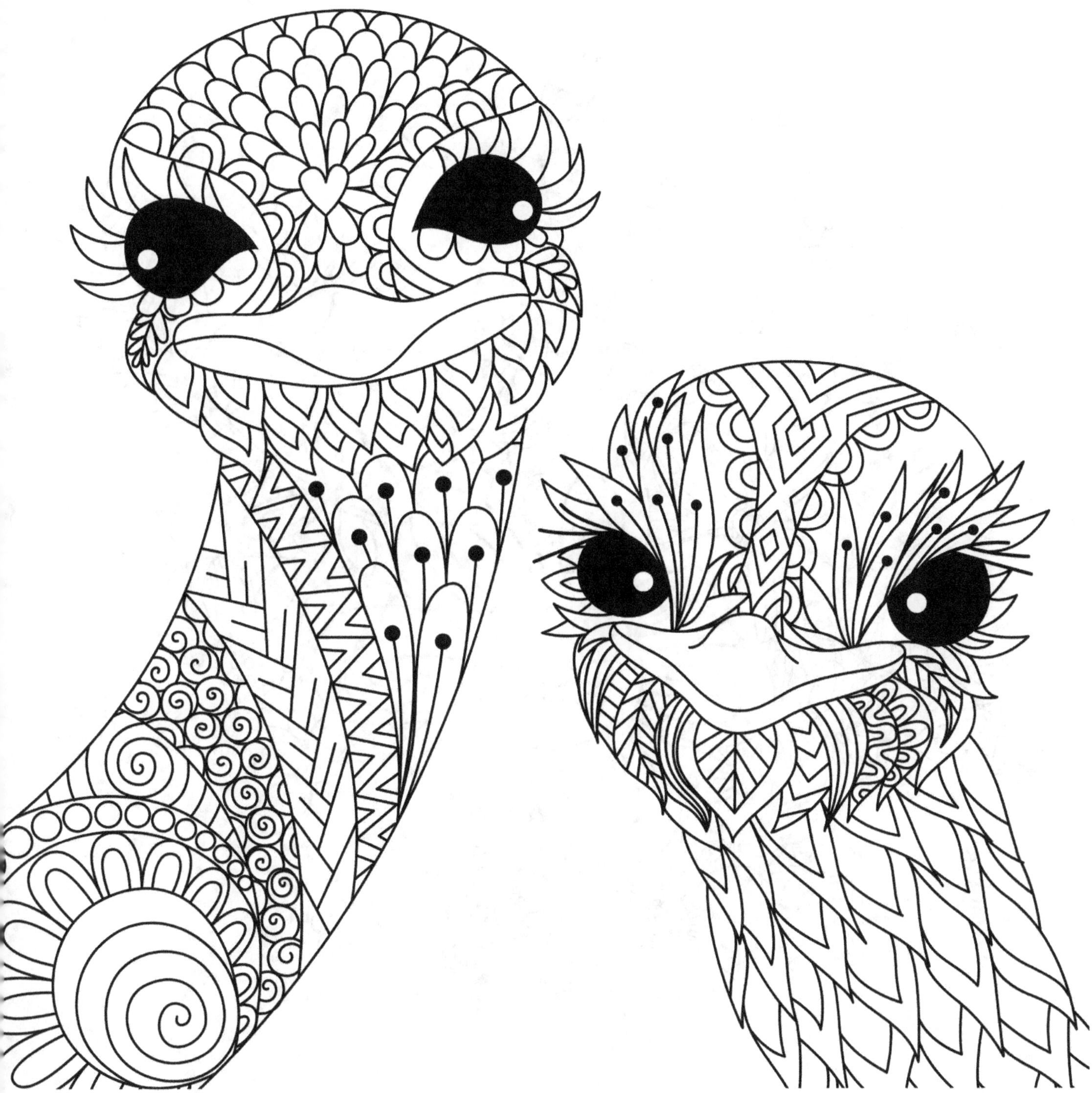

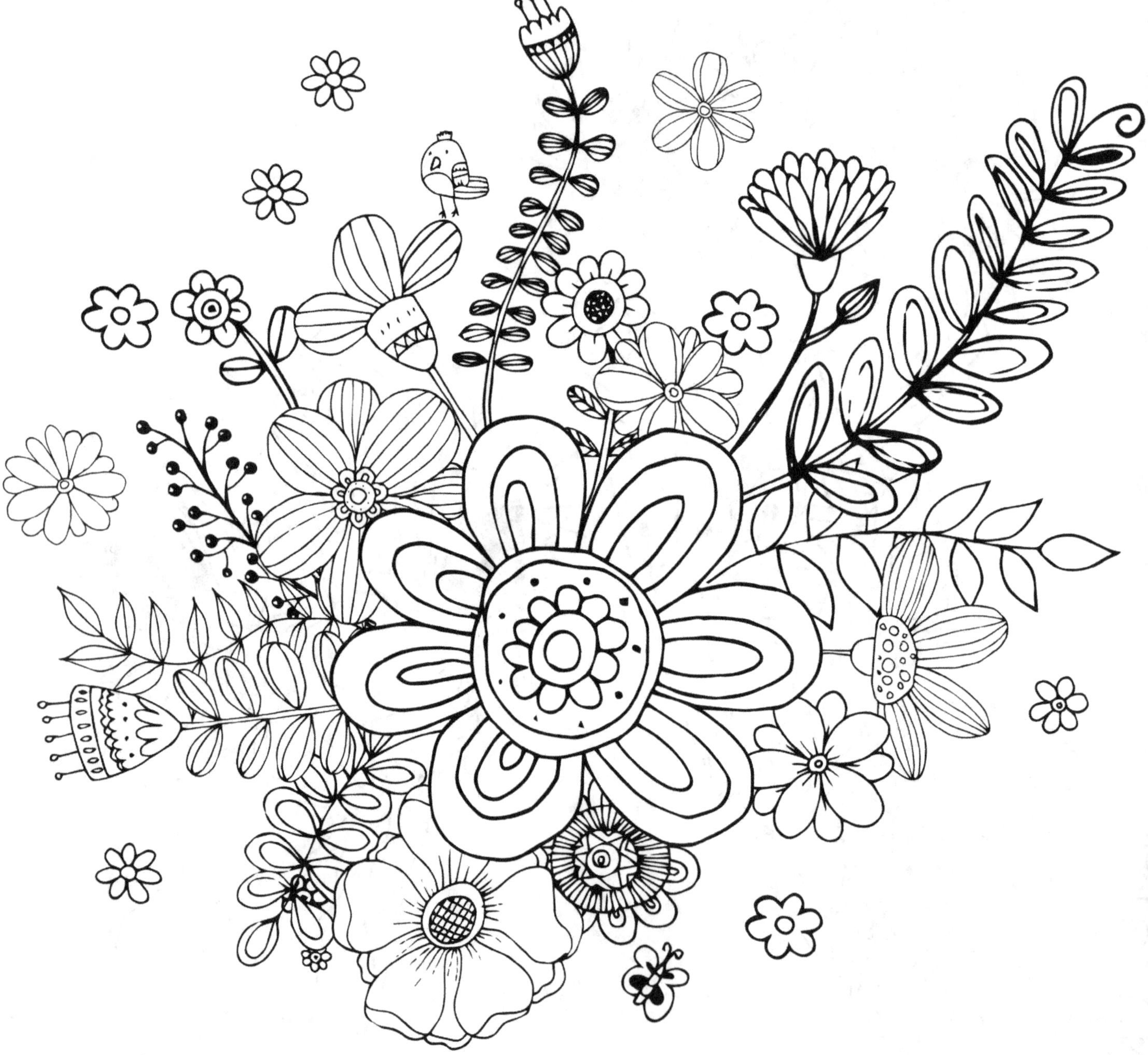

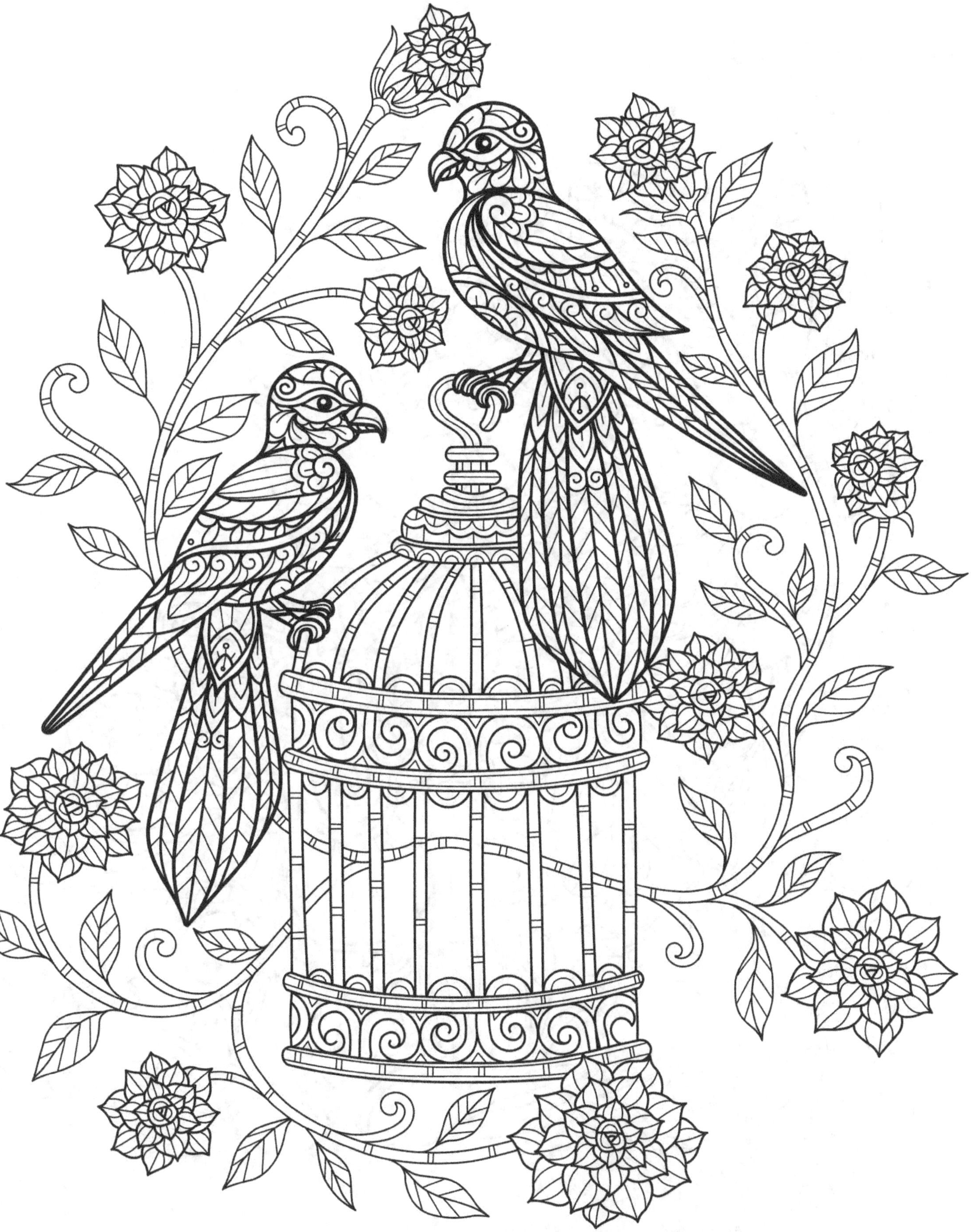

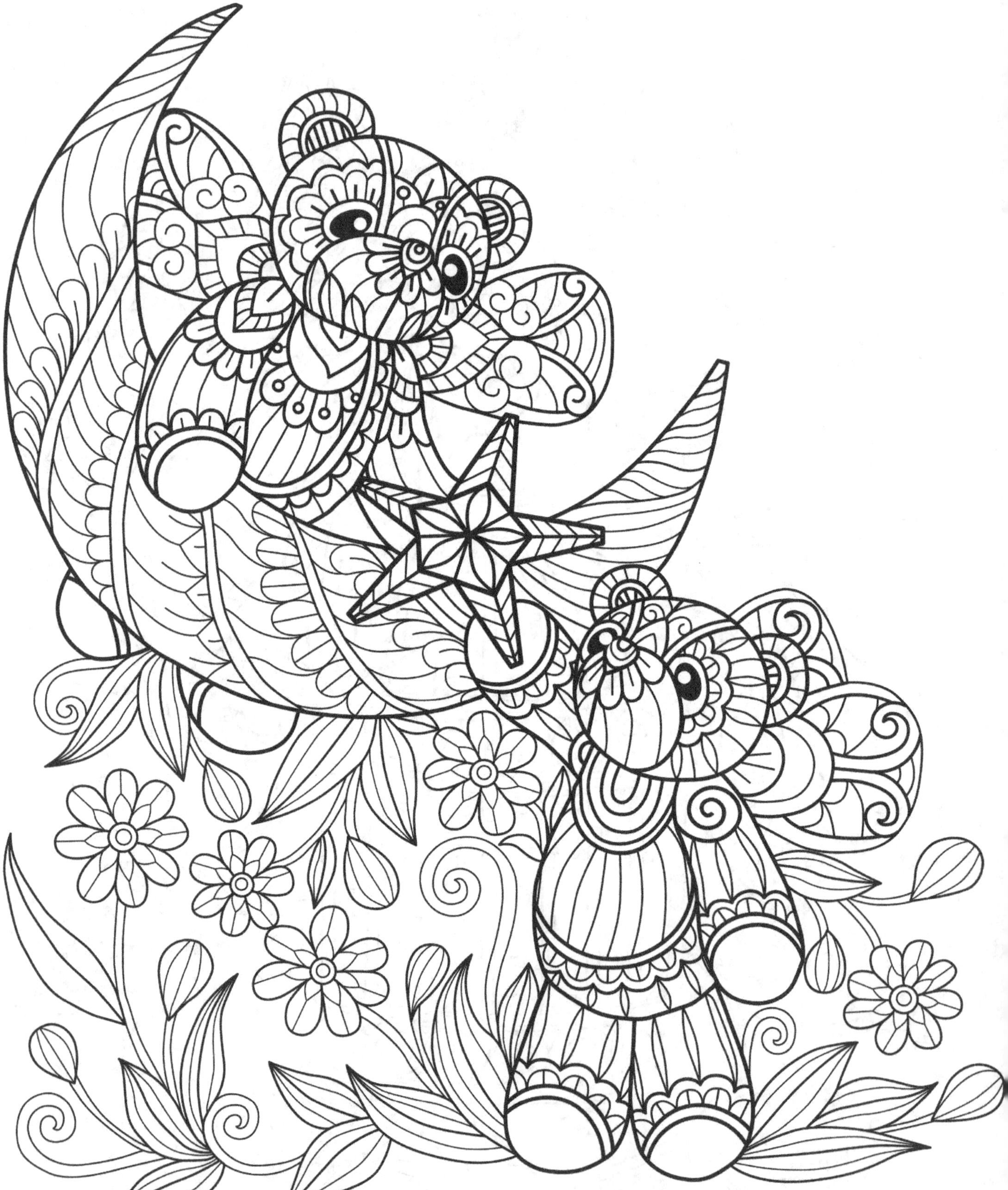

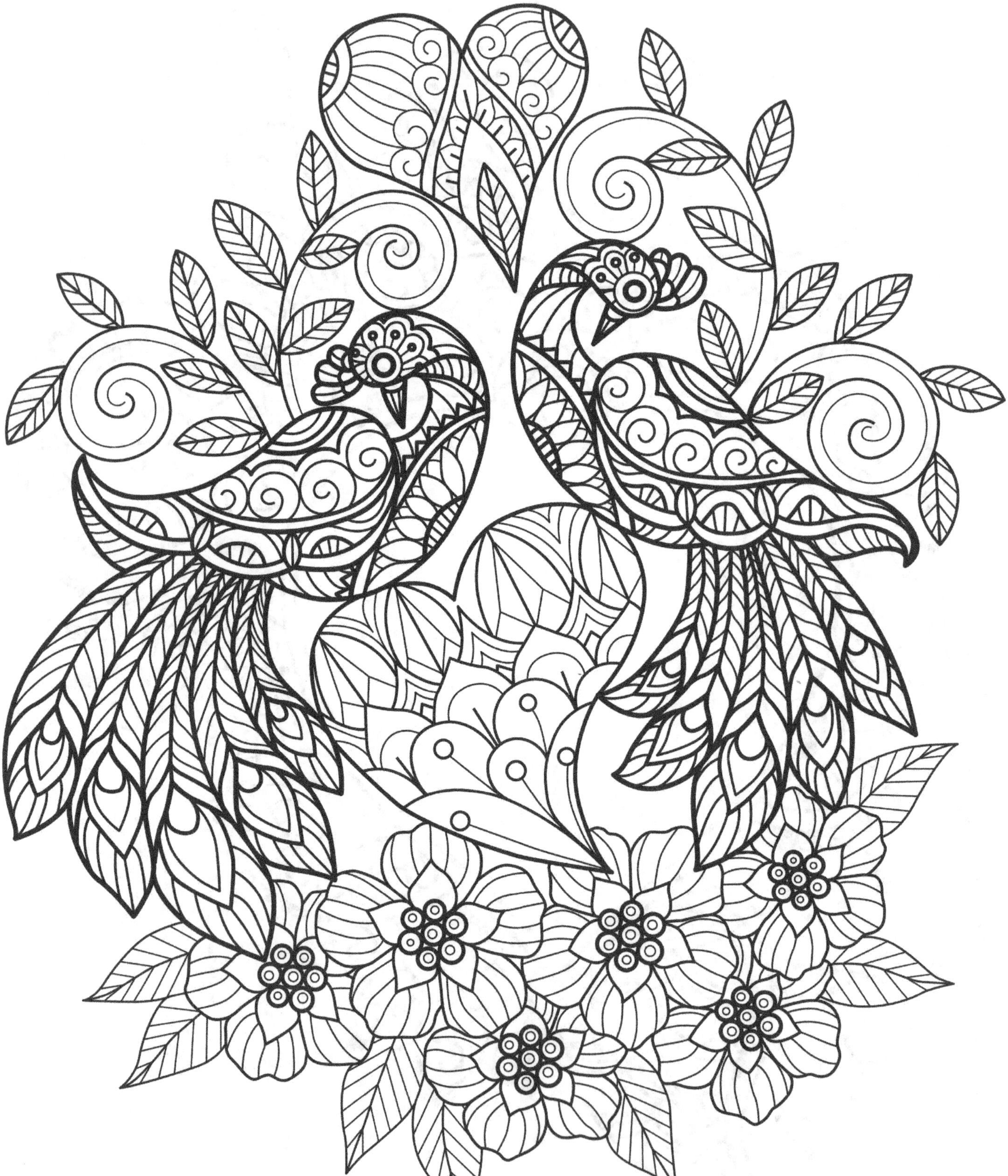

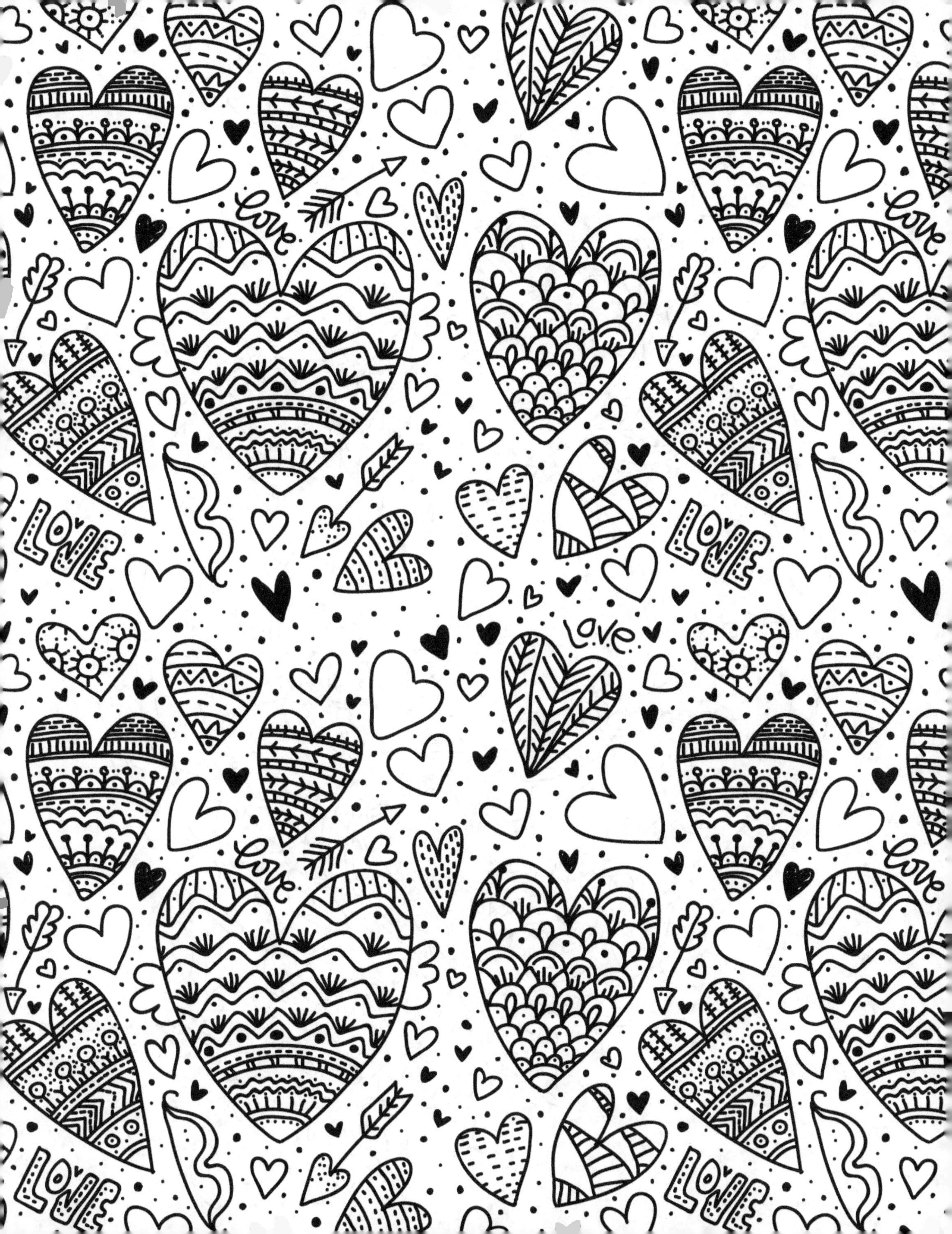
love
LOVE

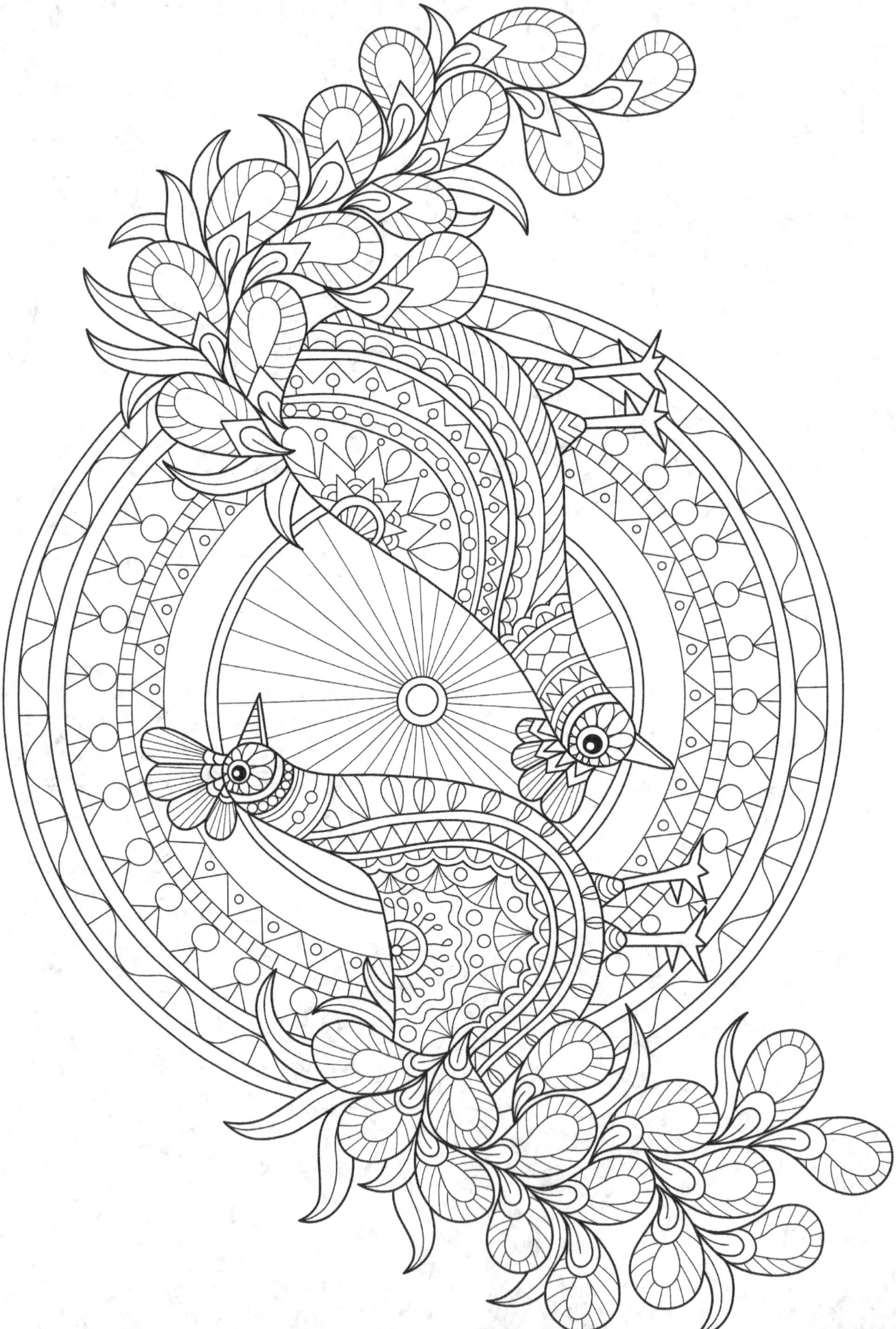

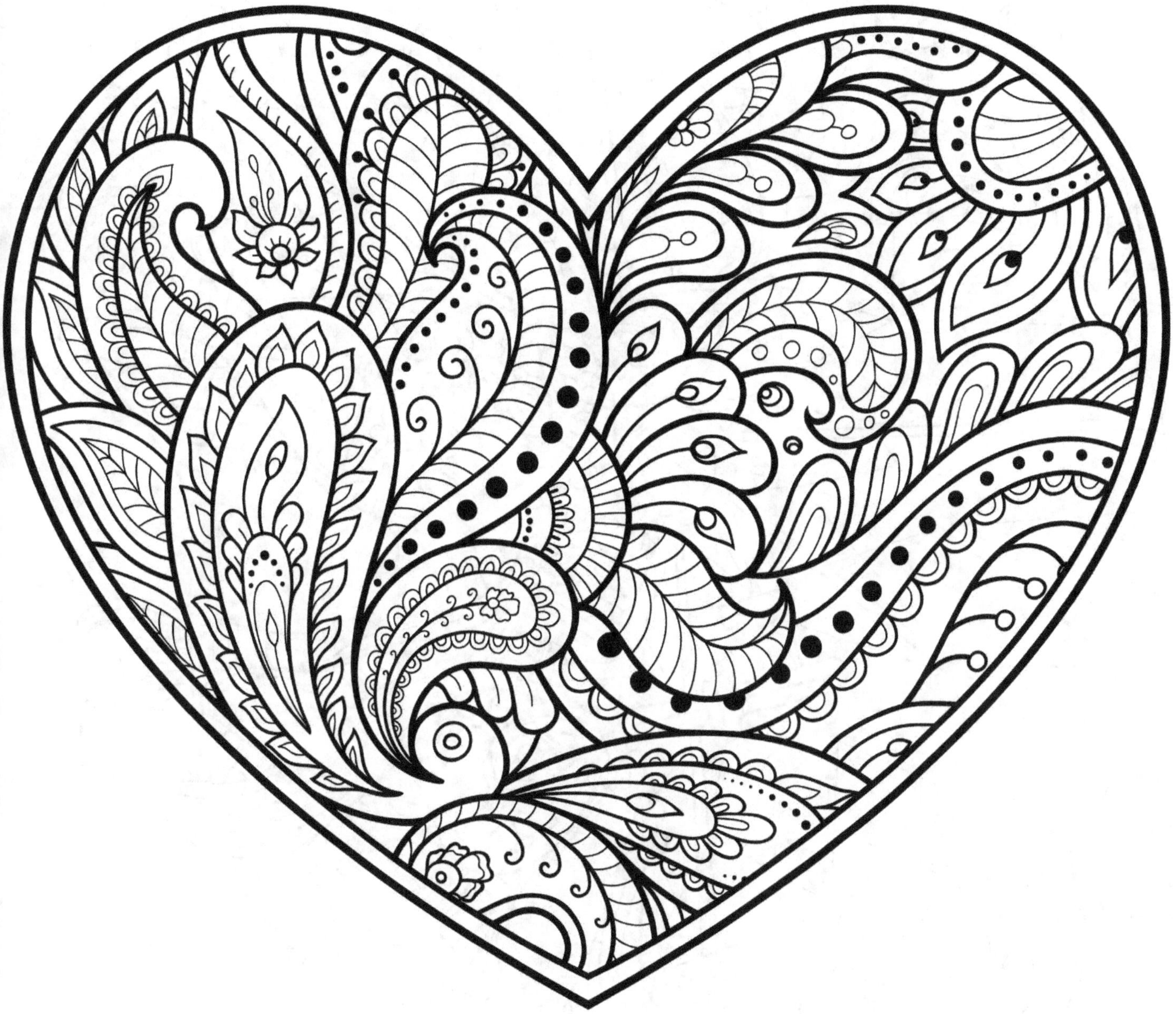

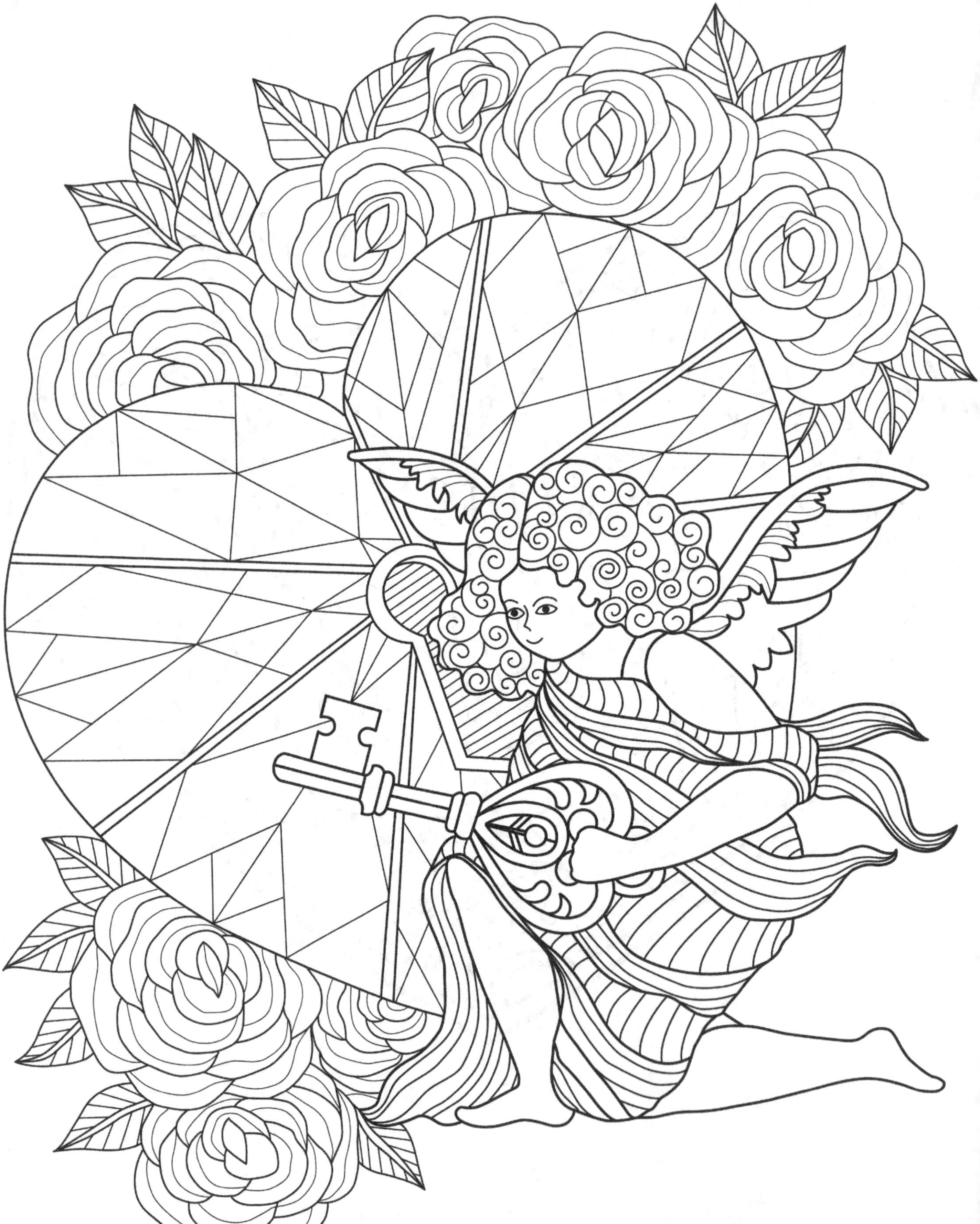

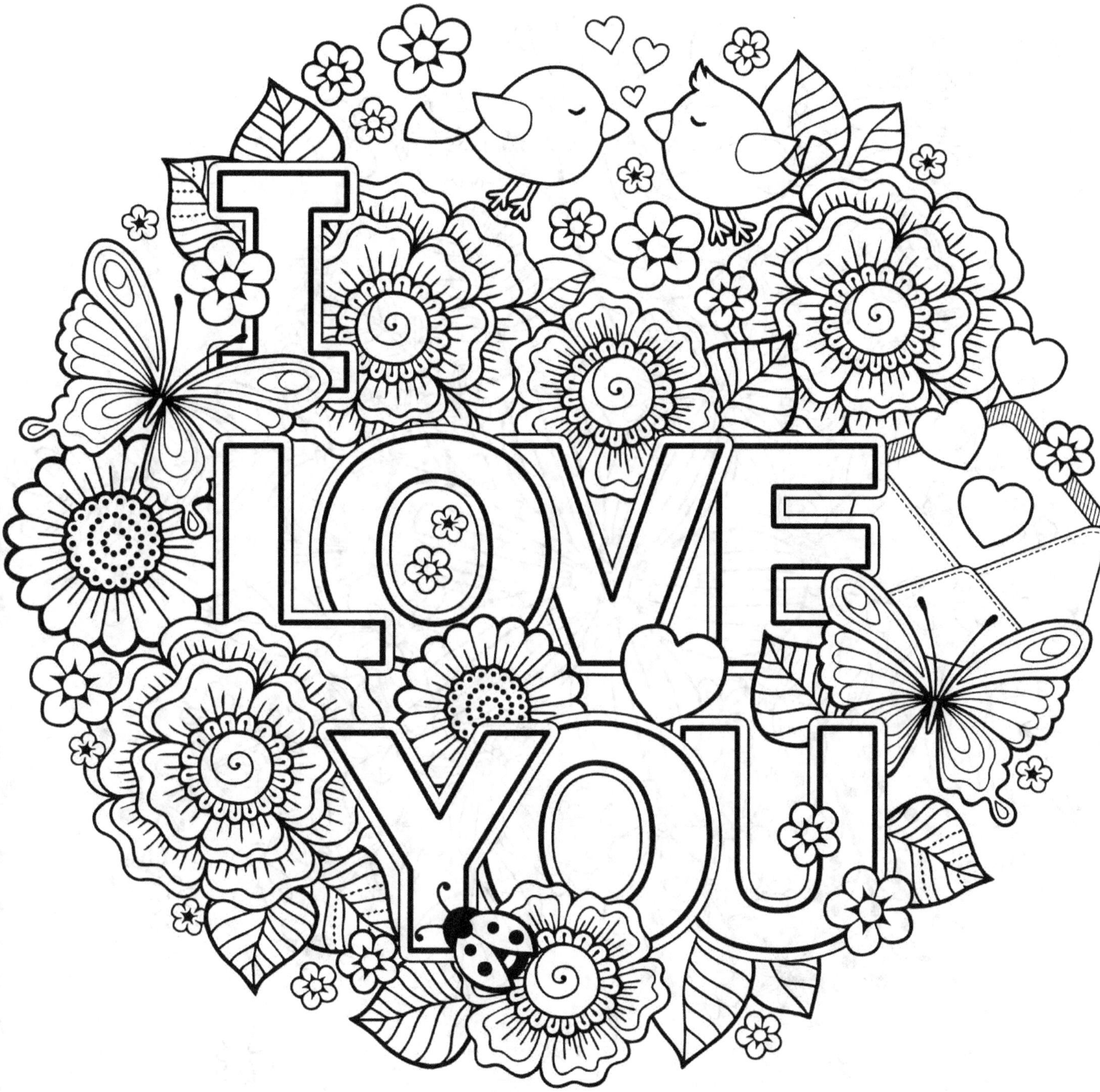
I LOVE YOU

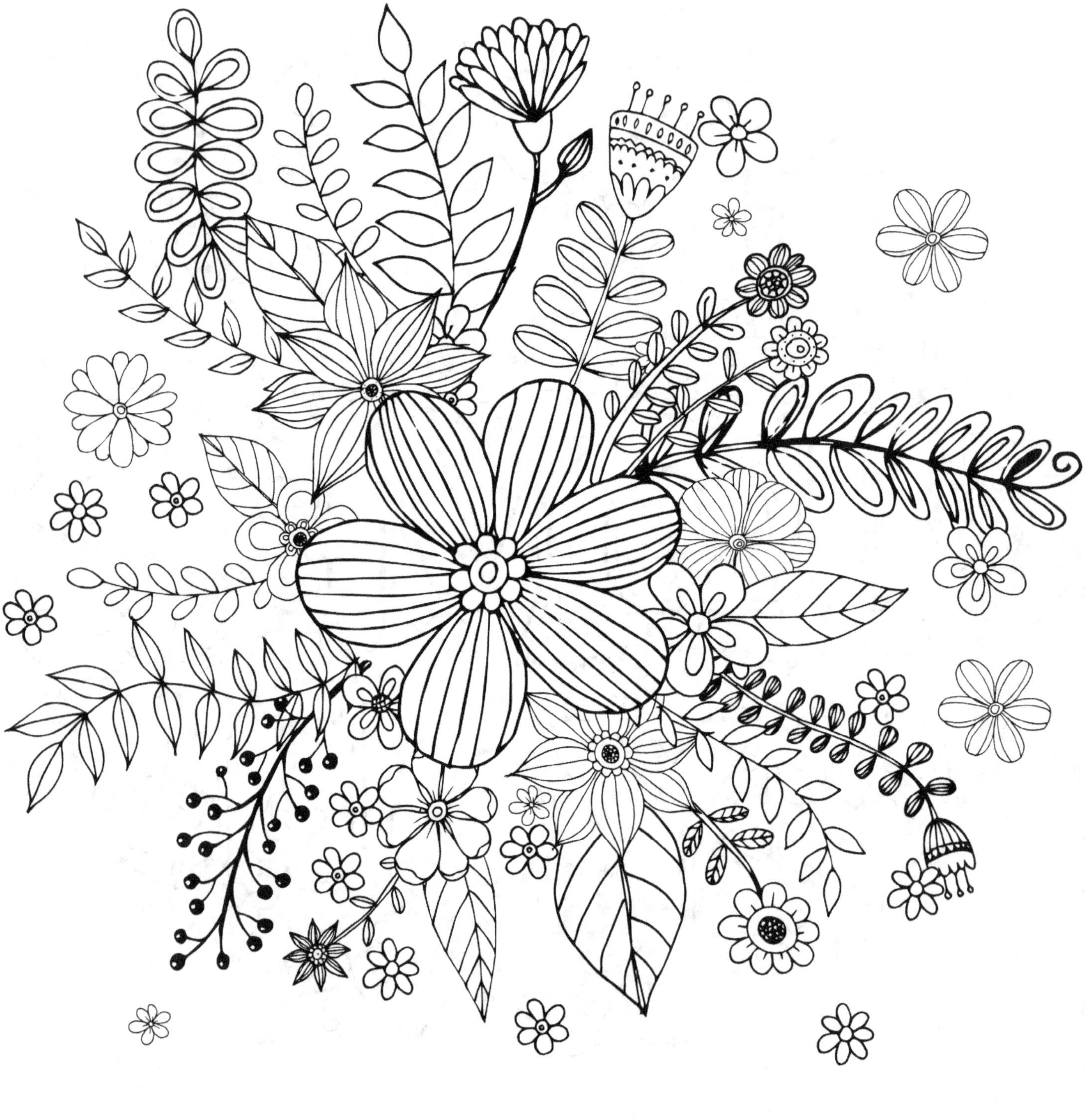

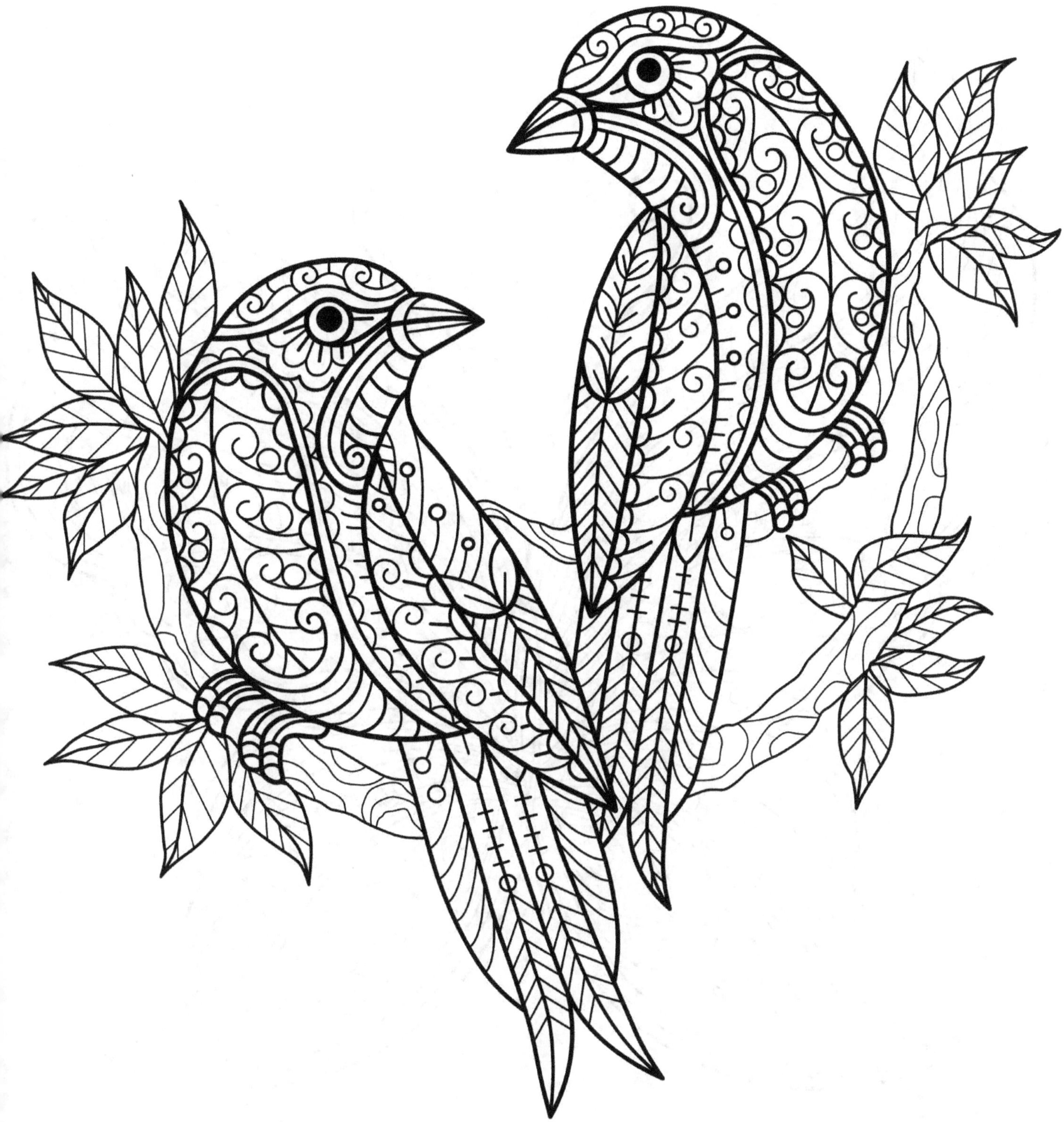

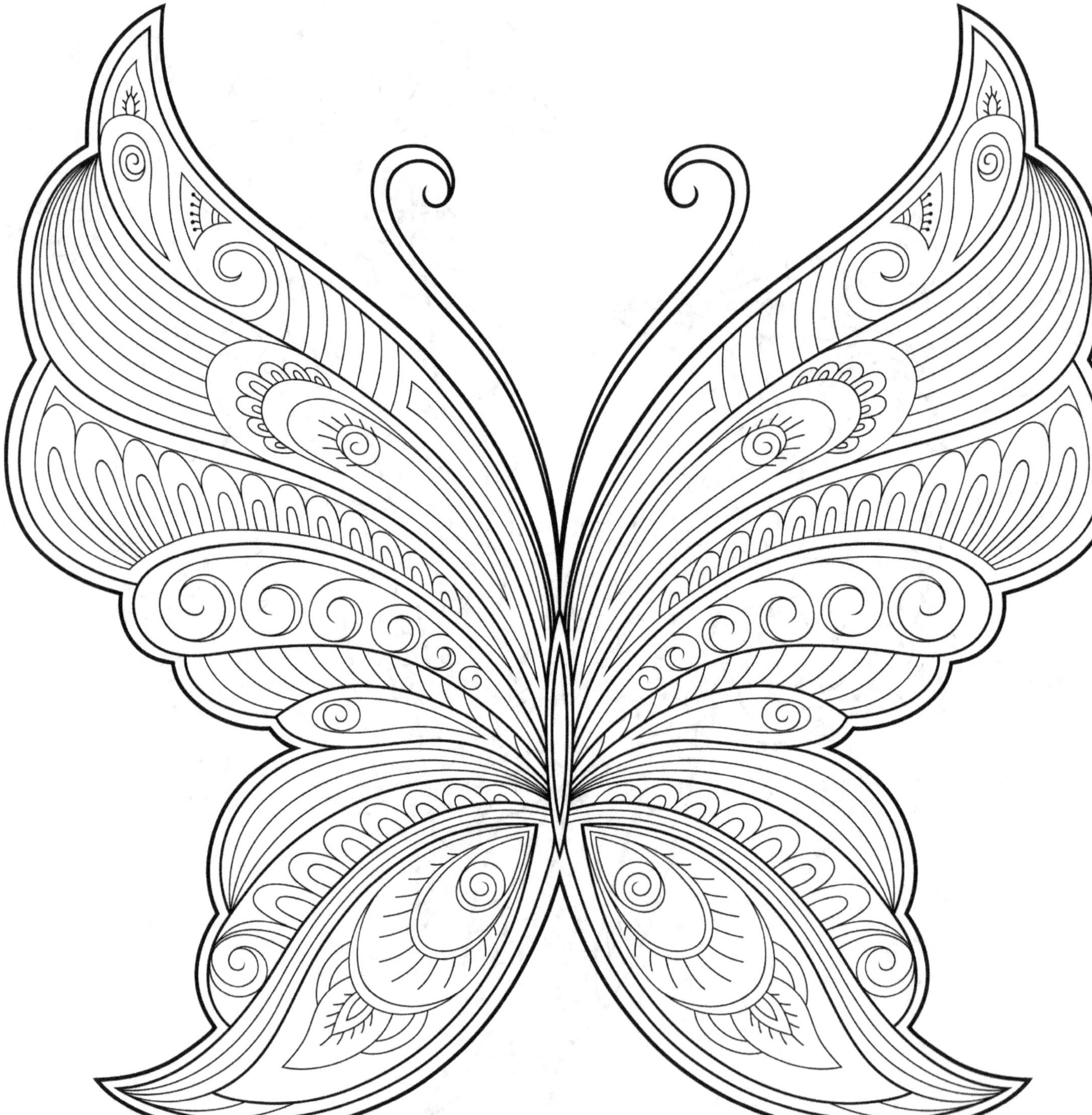

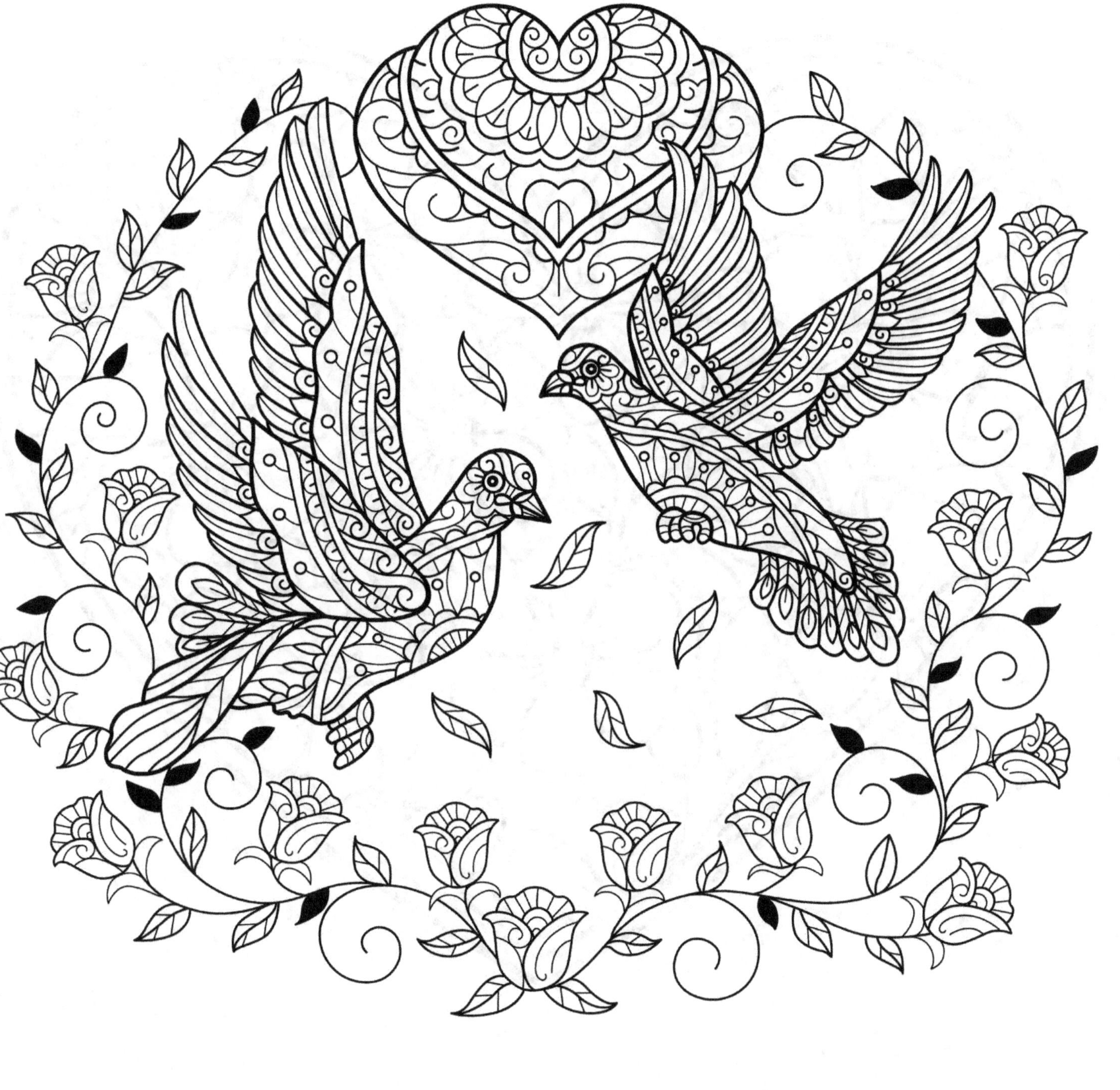

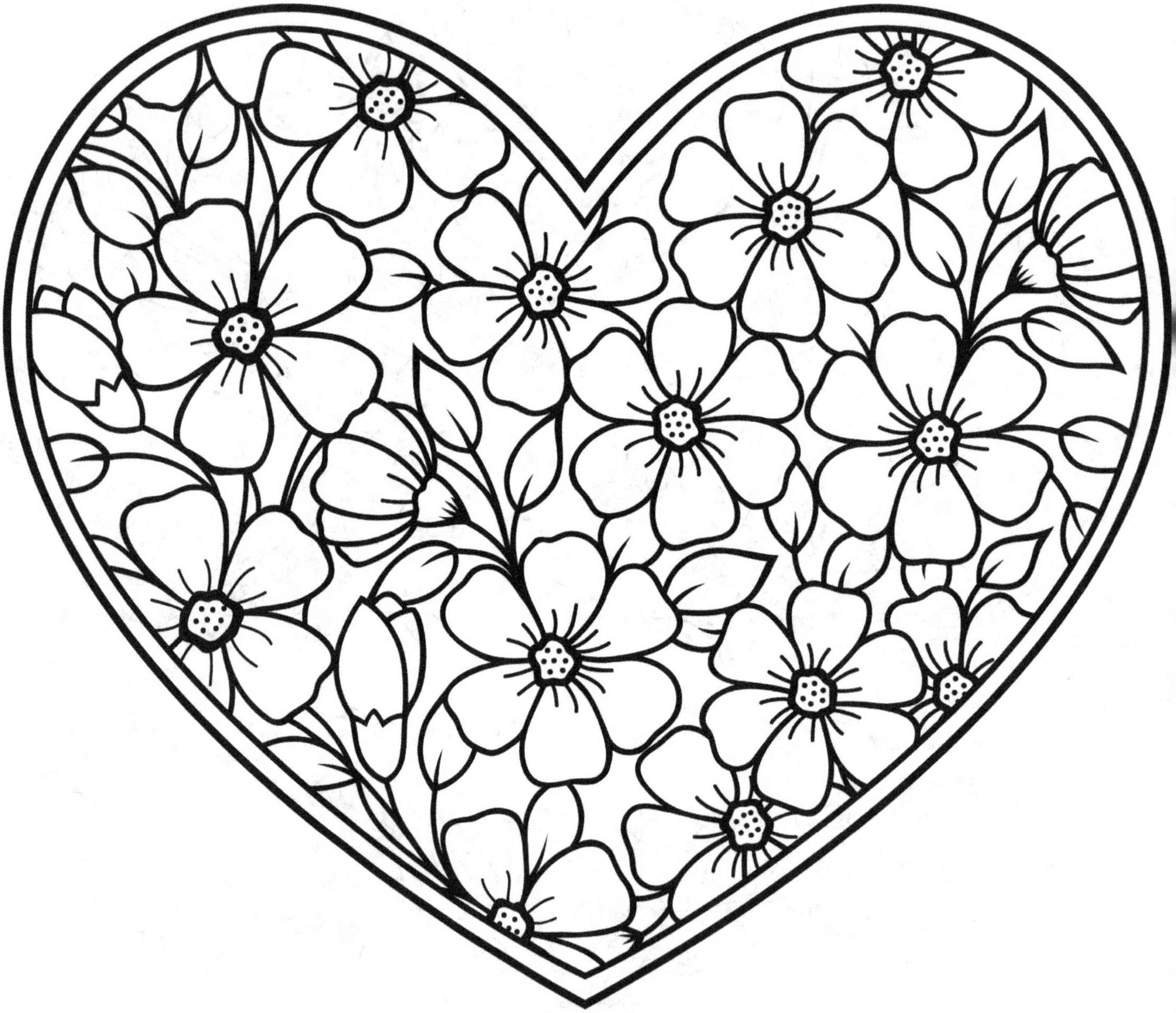

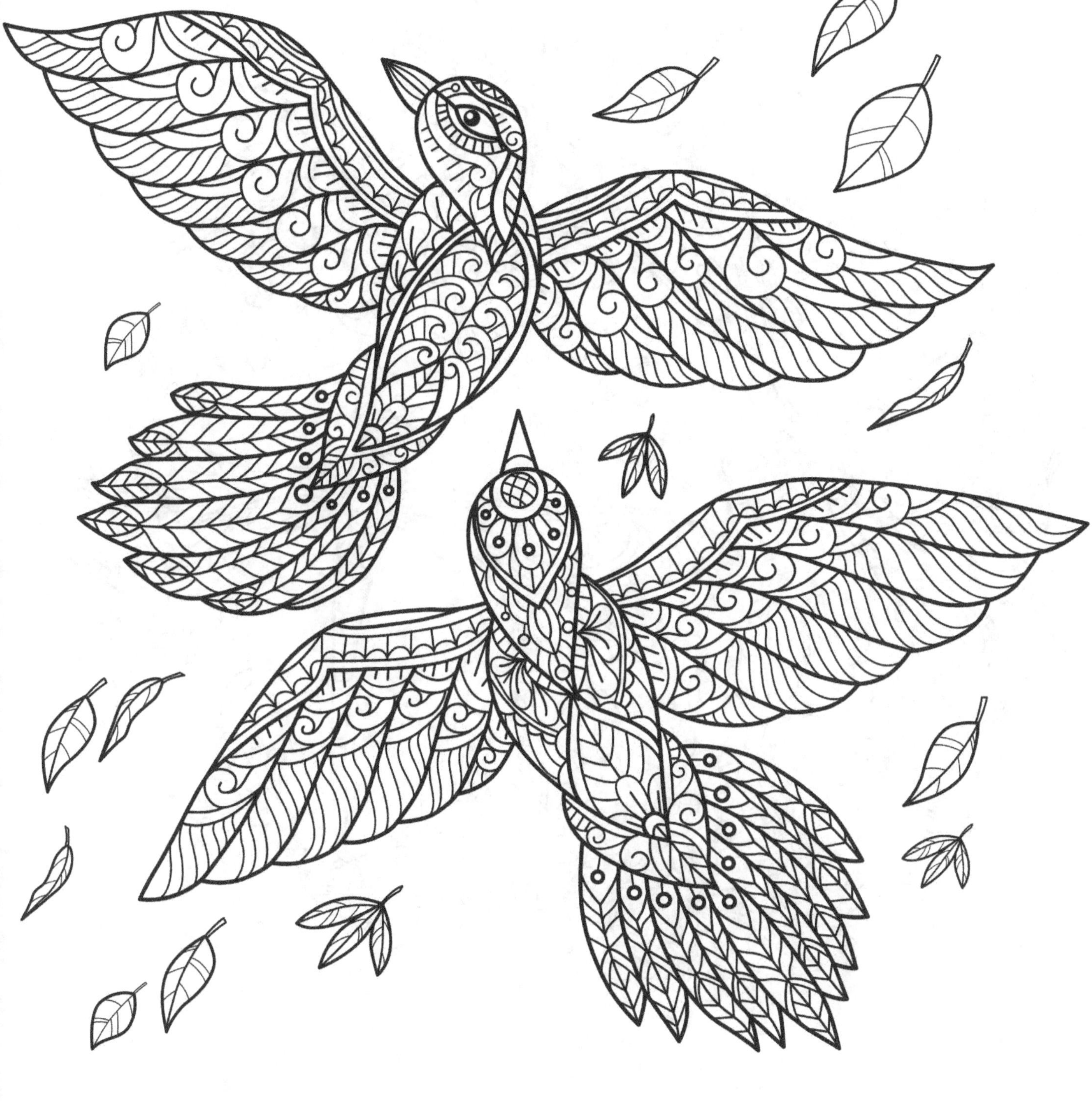

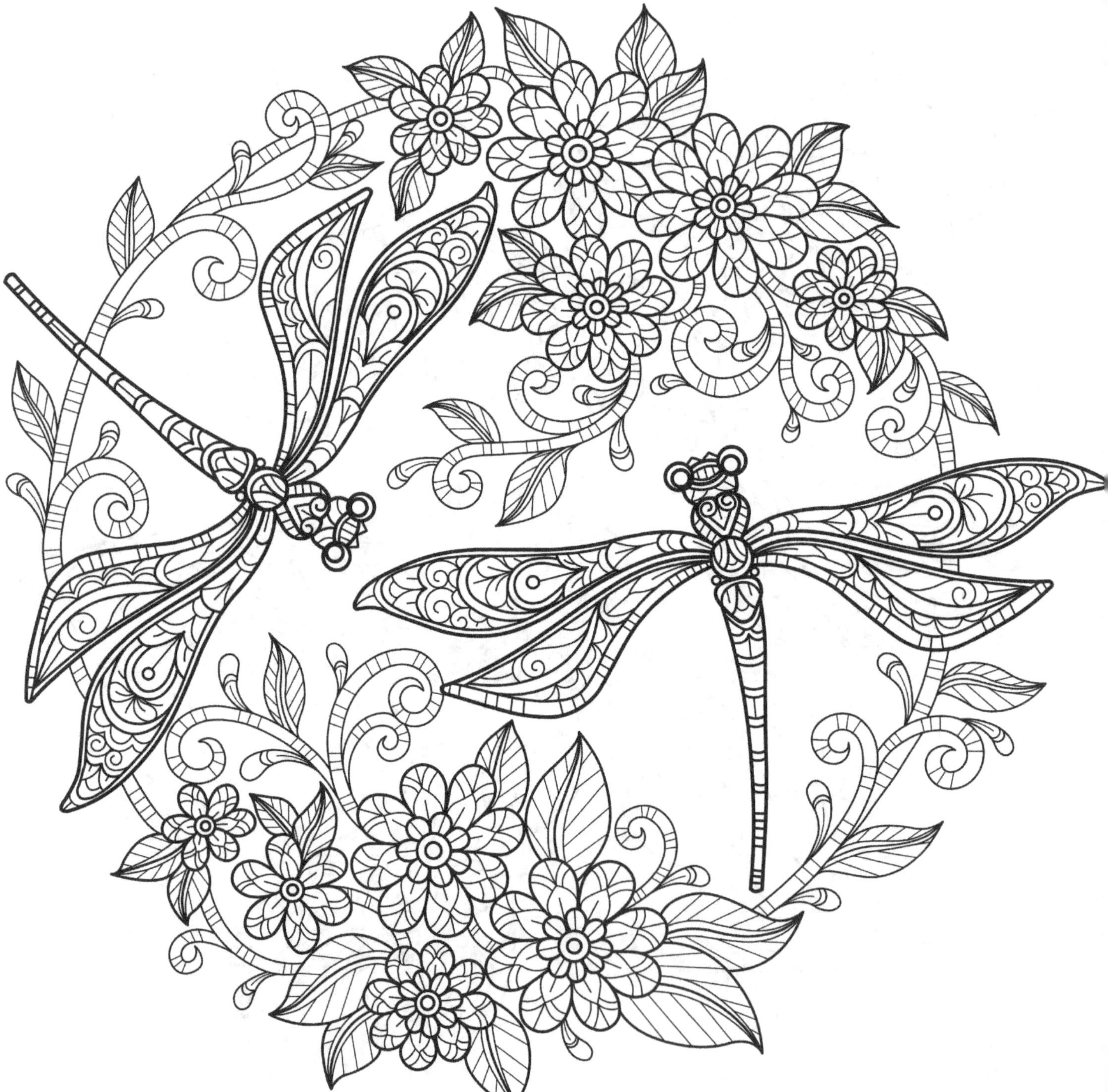

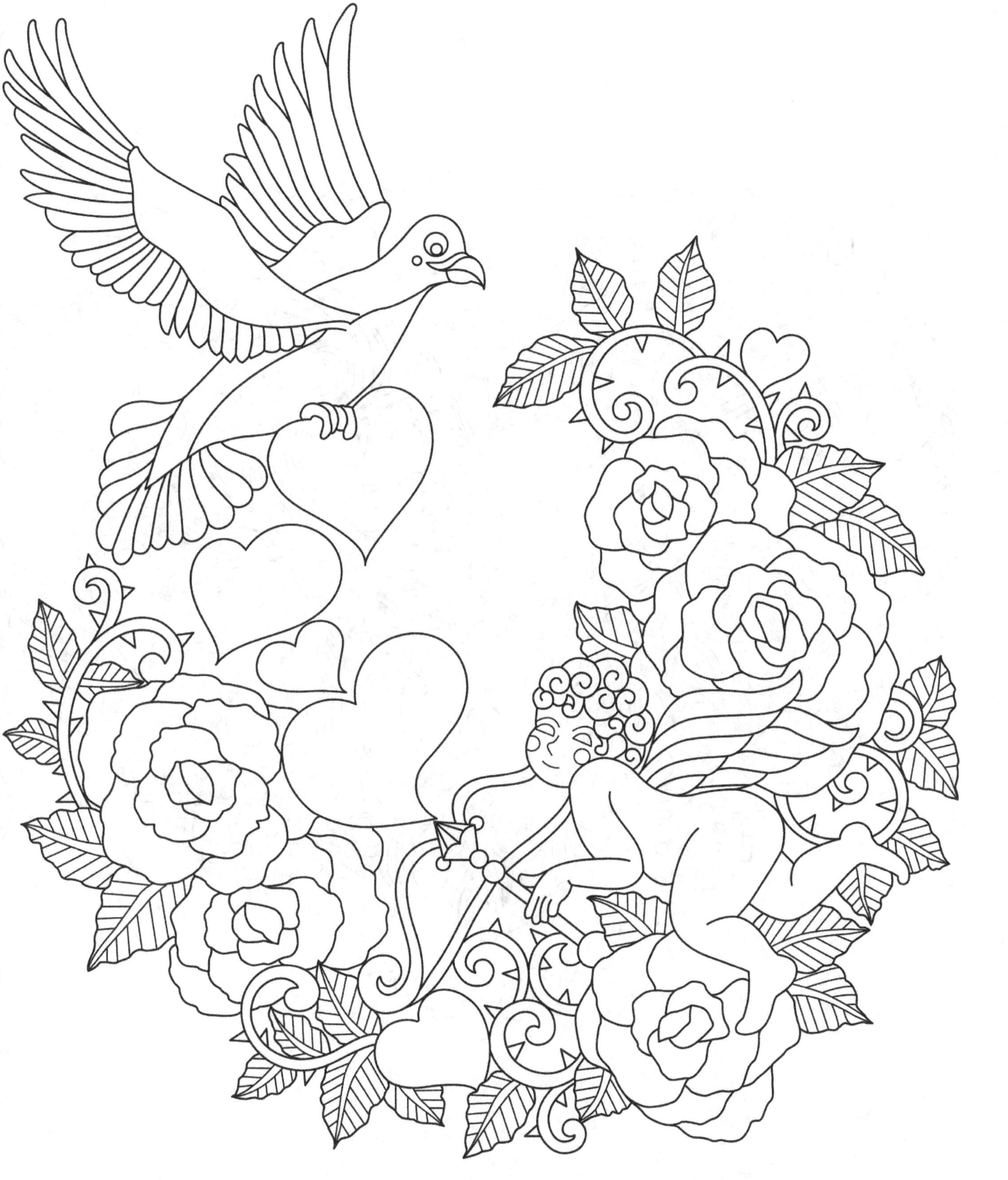

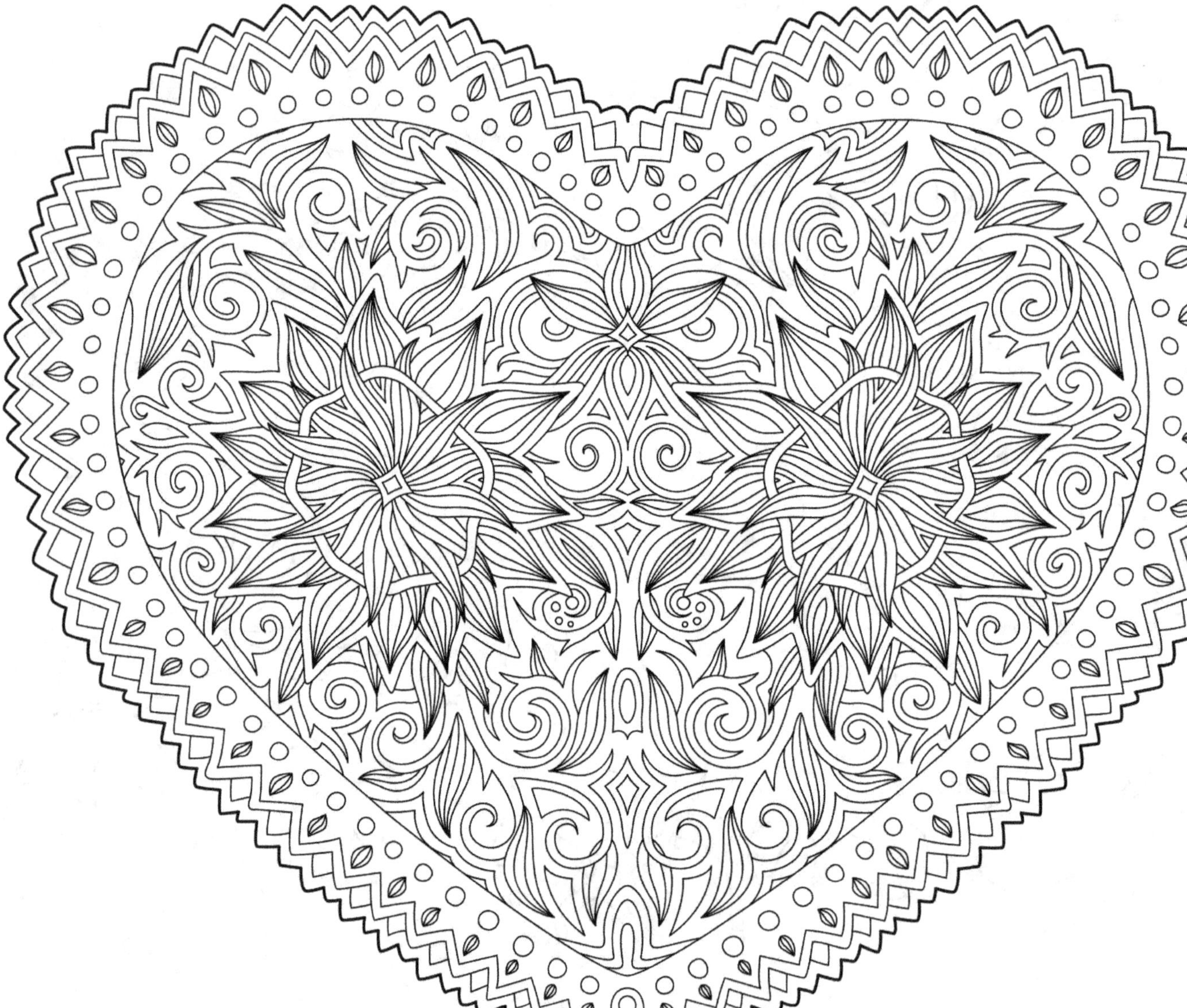

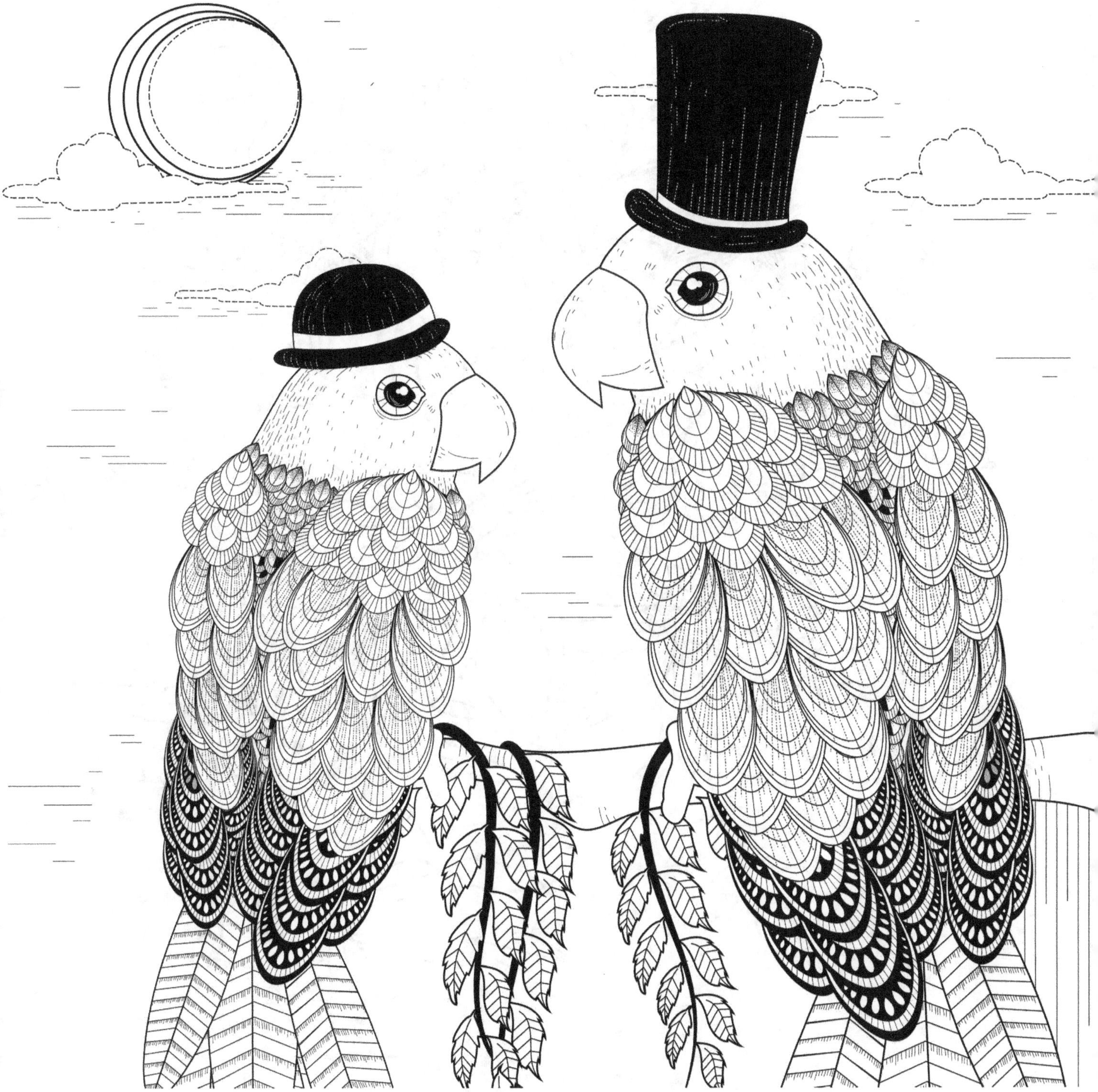

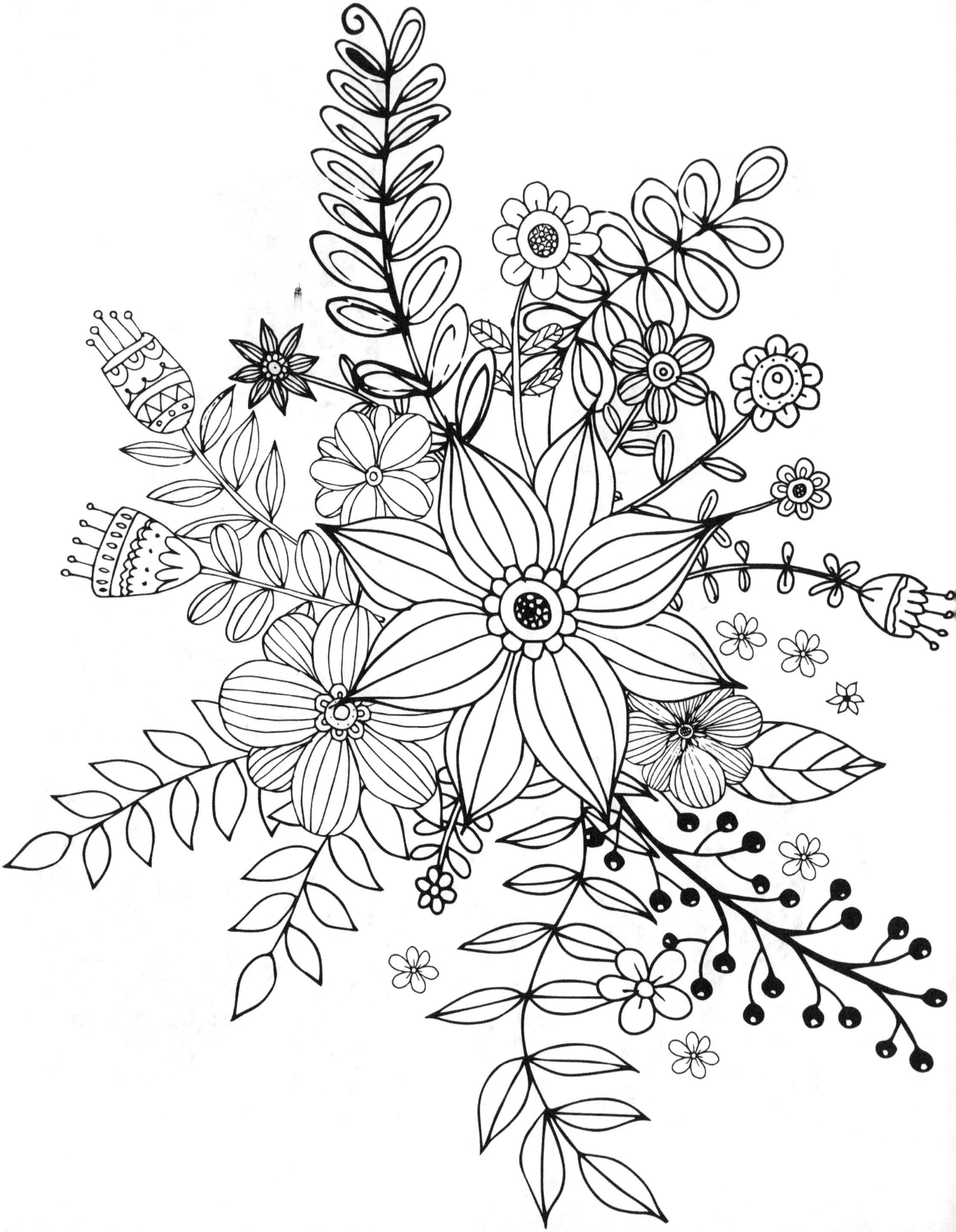

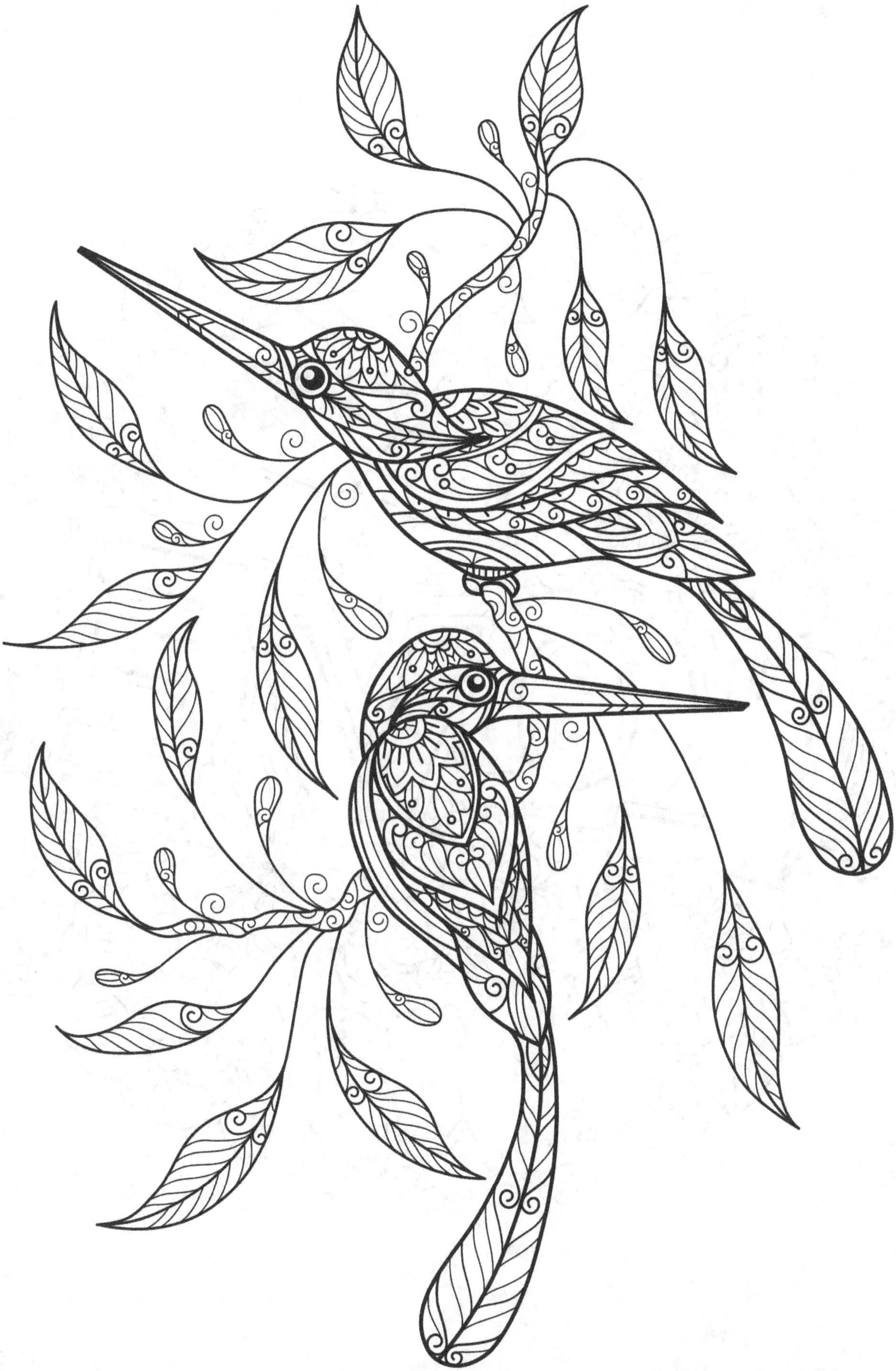

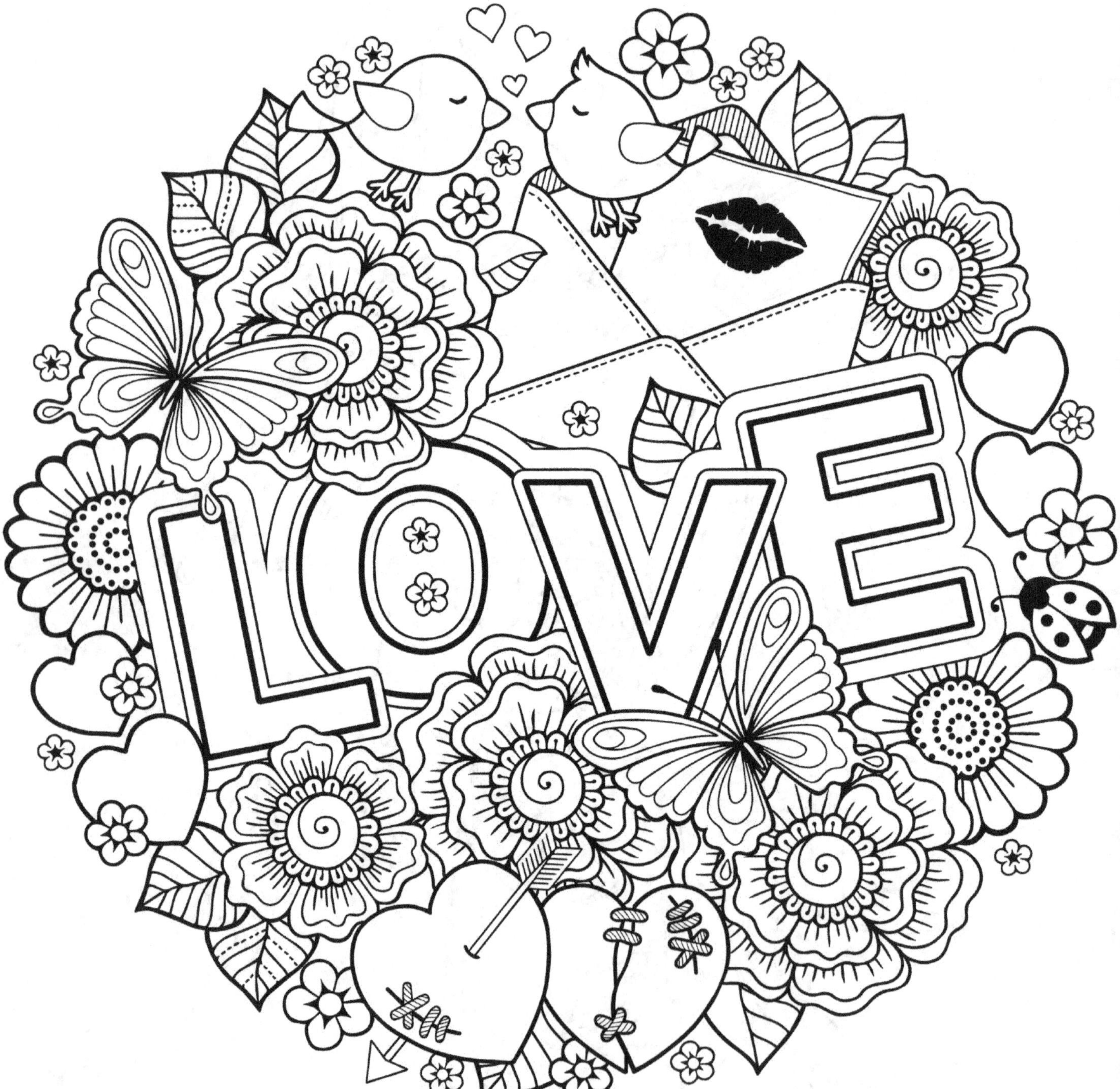
LOVE

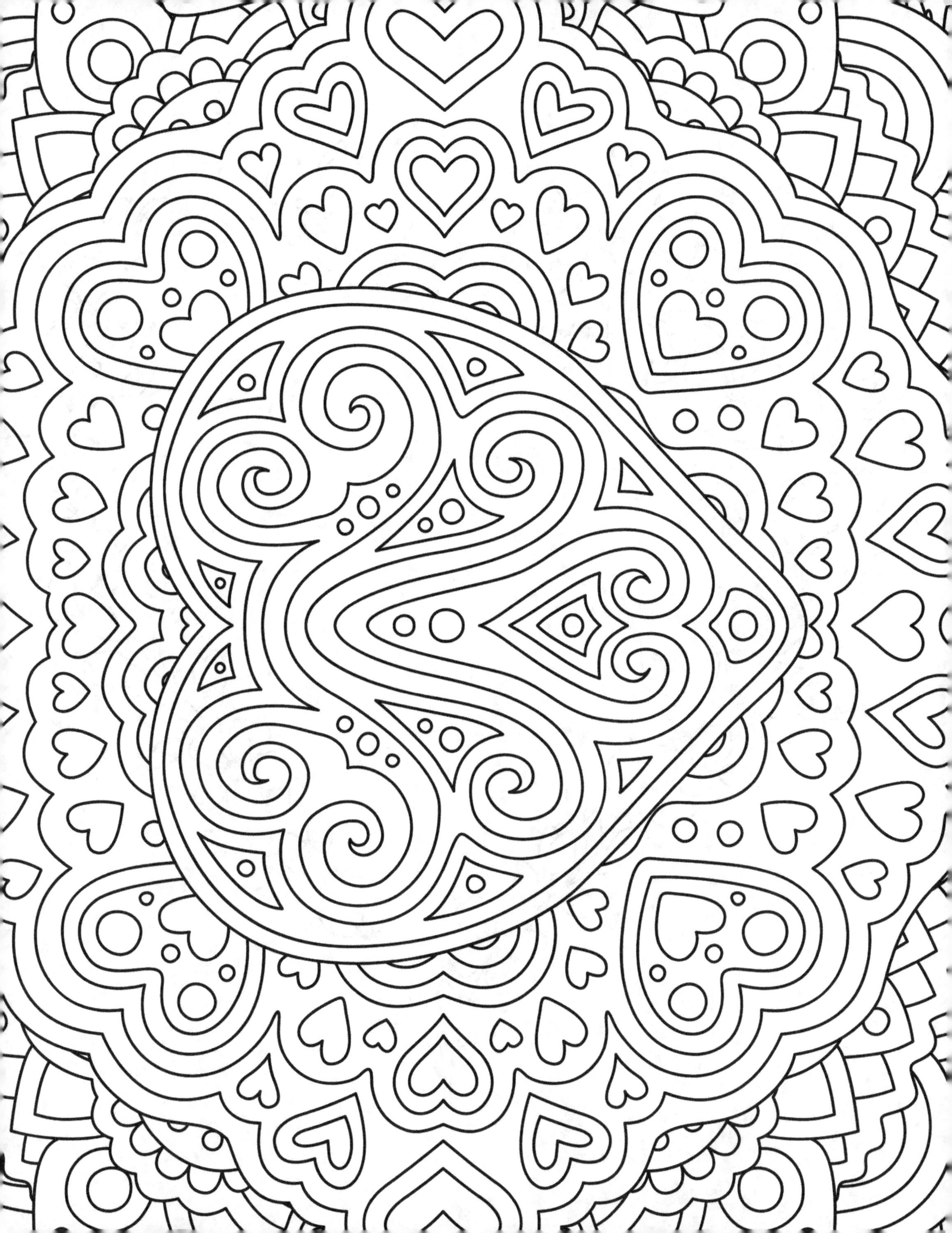

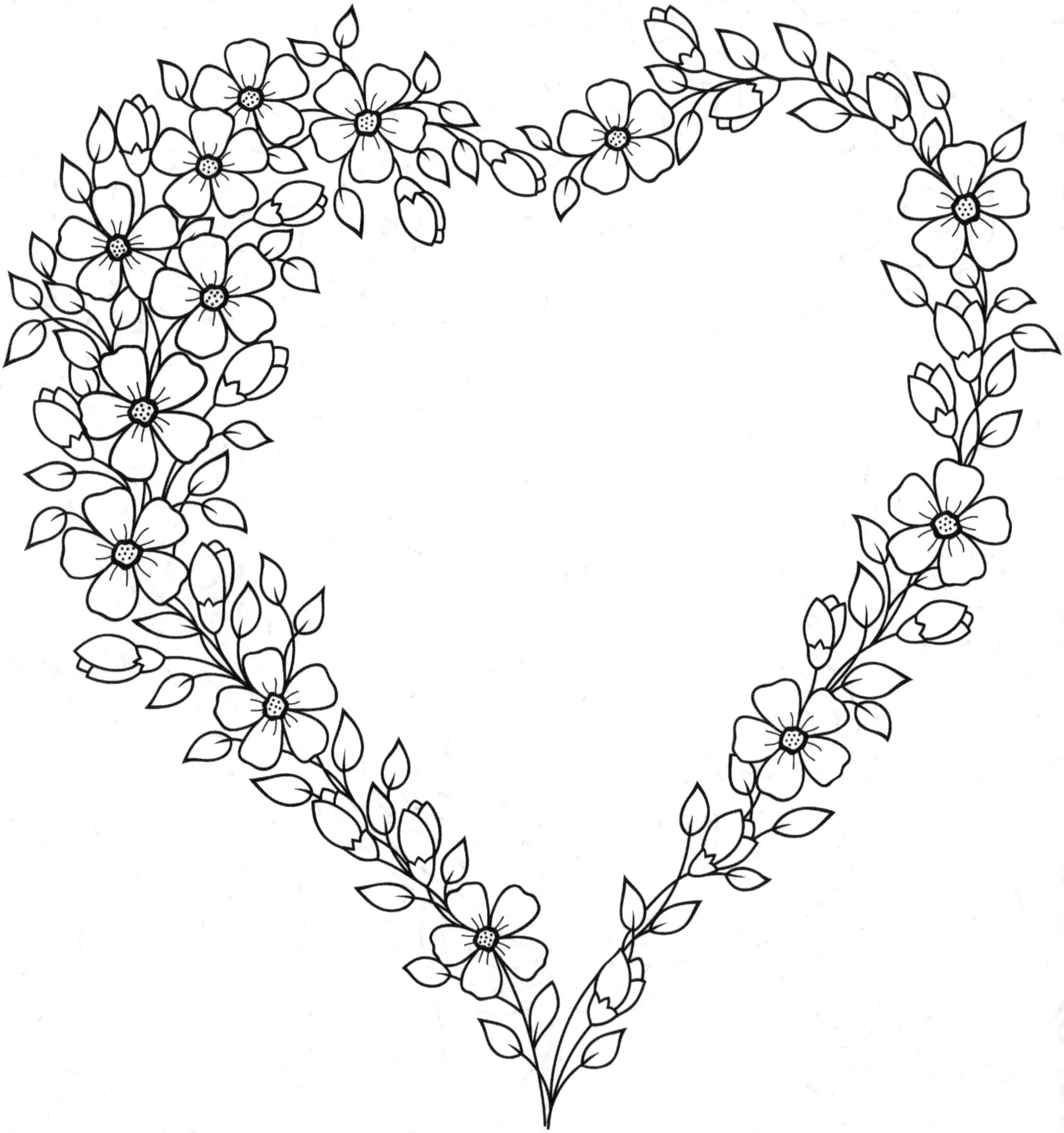

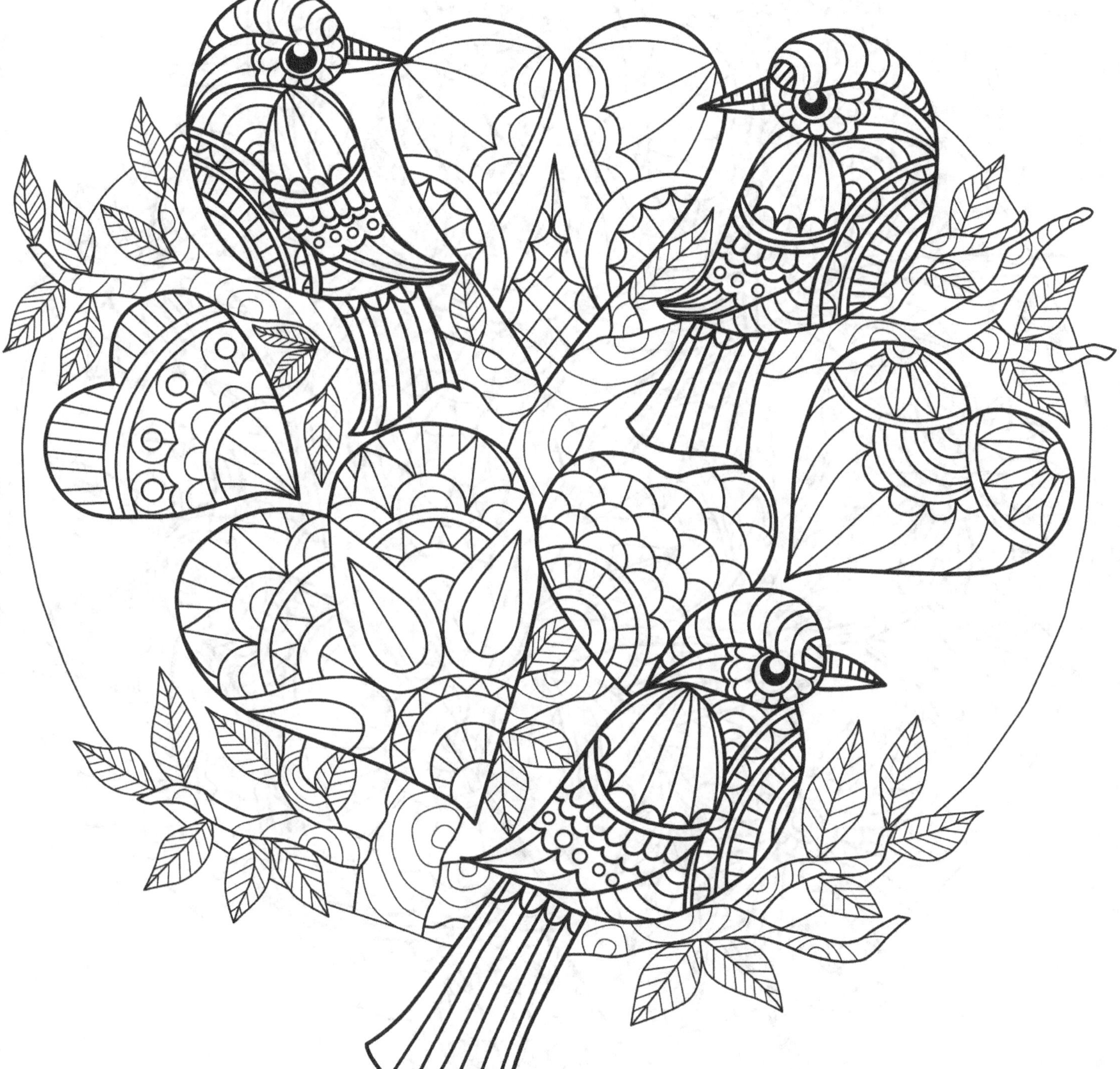

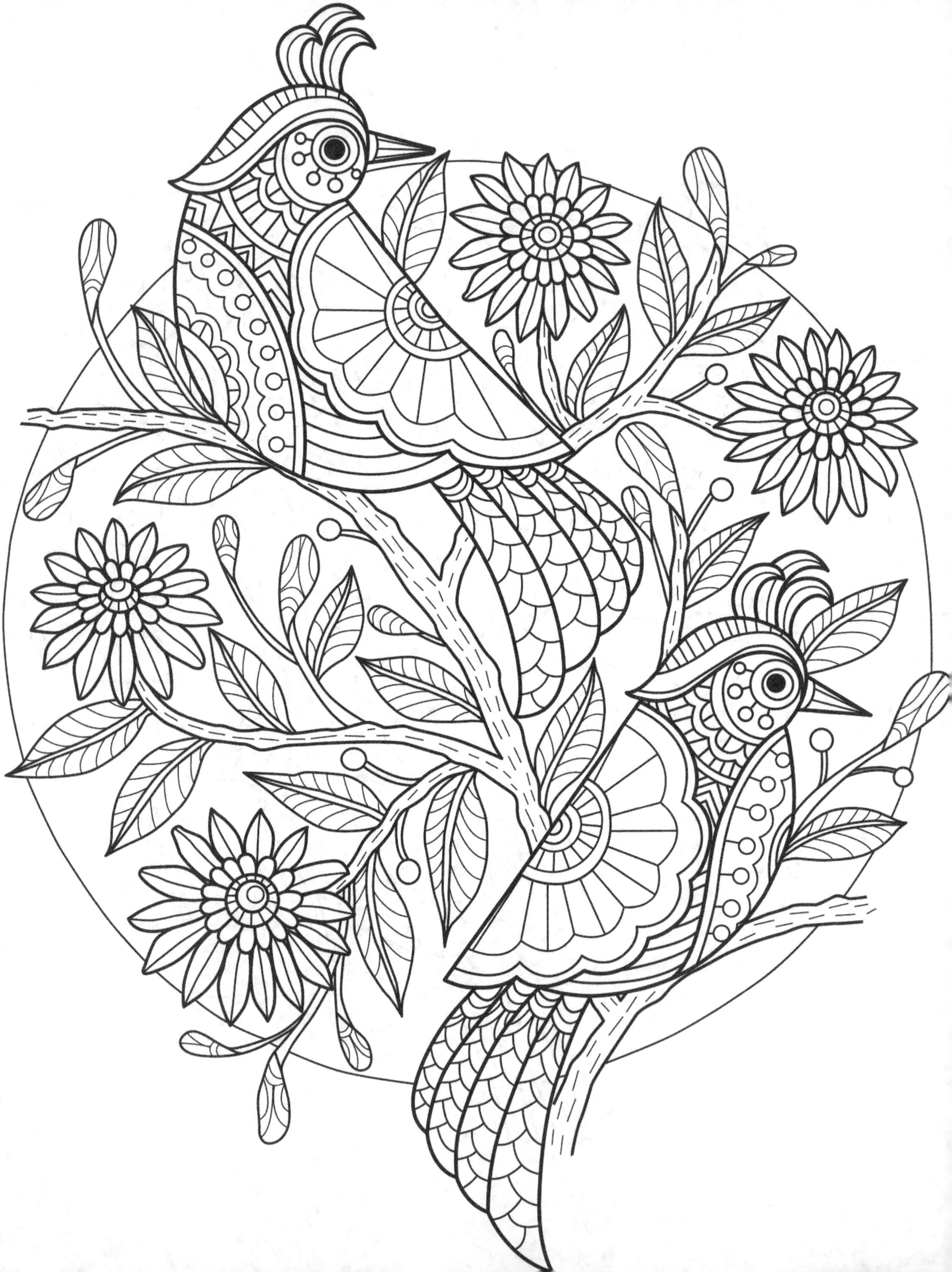

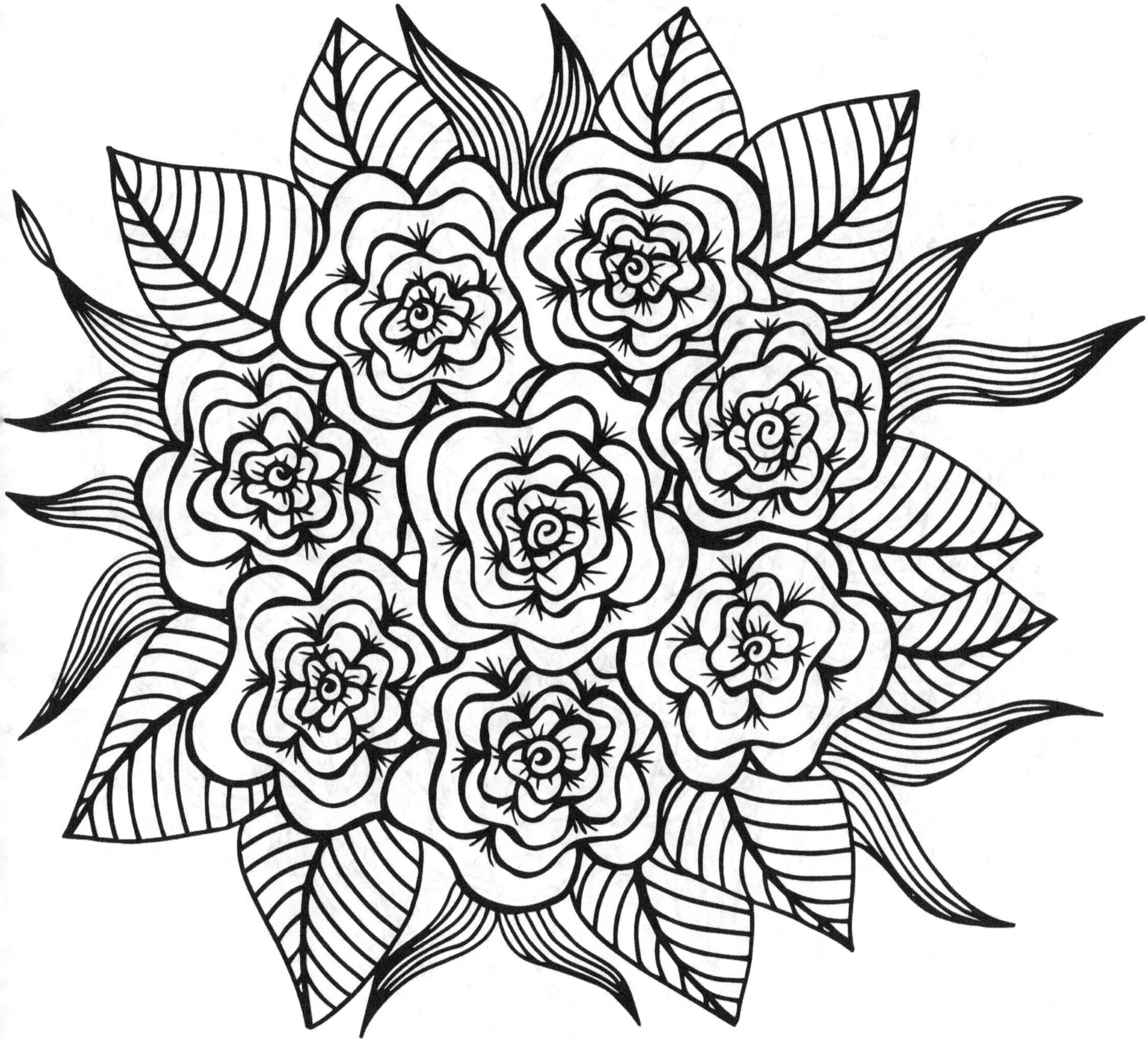

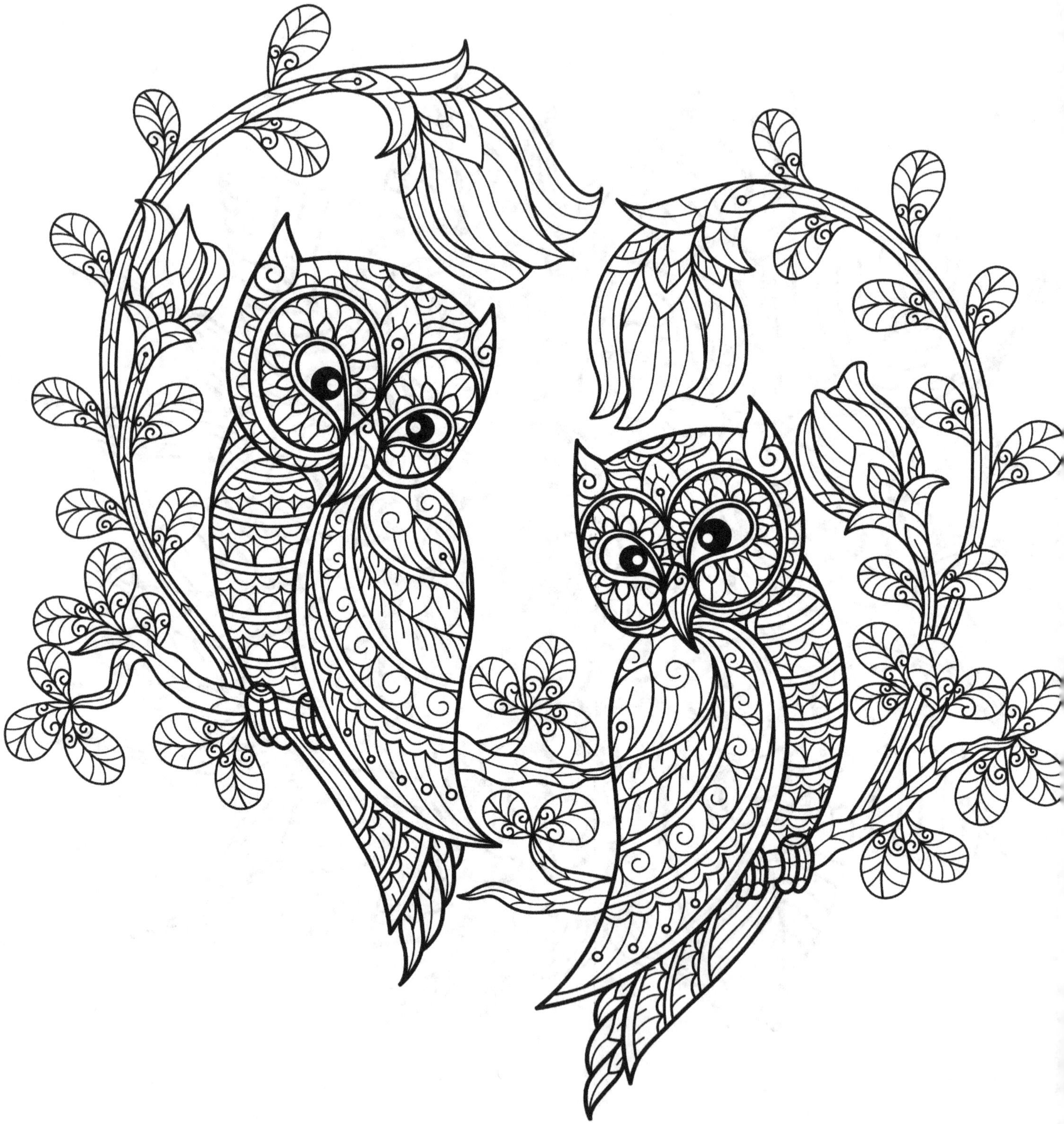

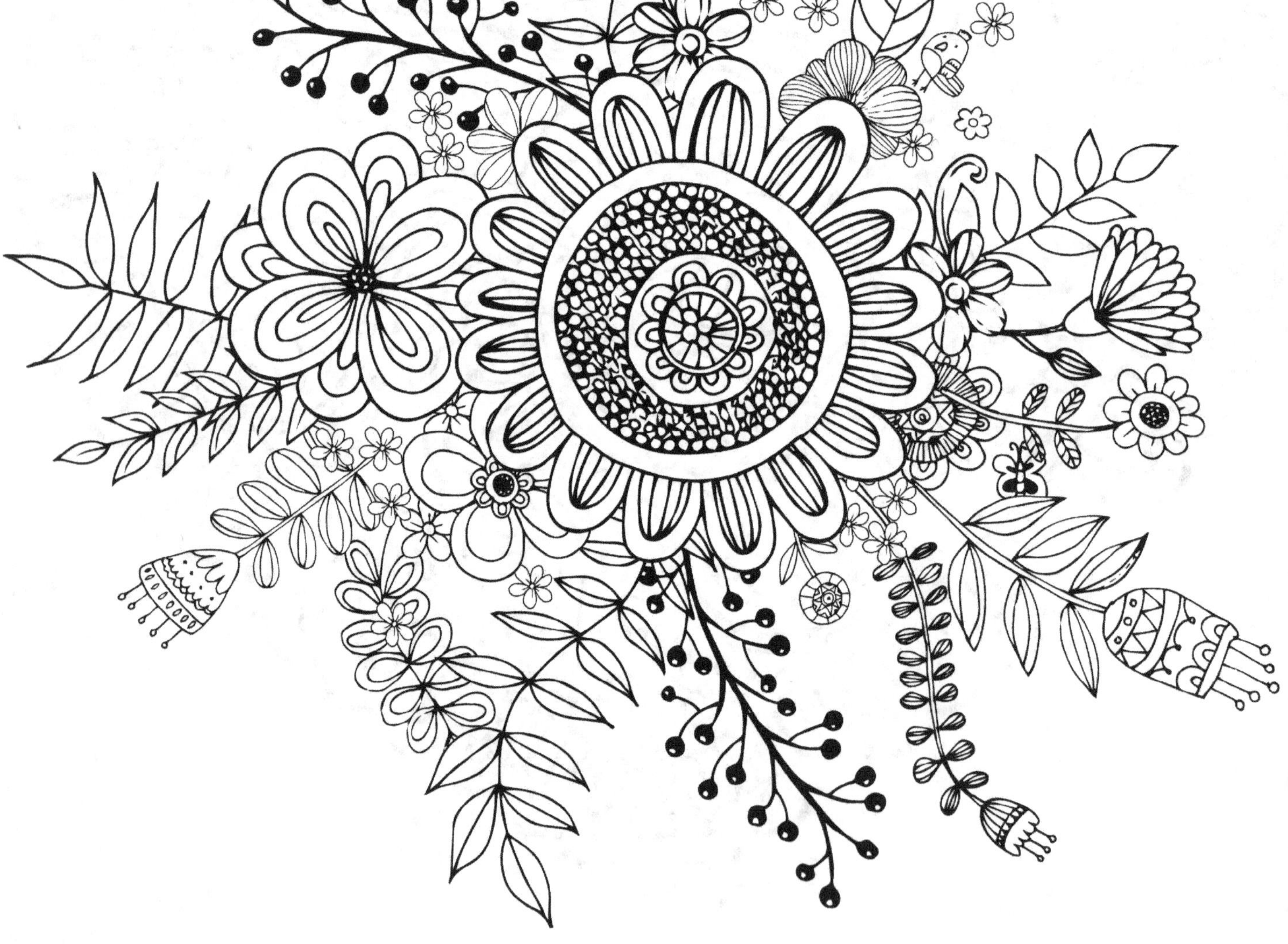

LOVE
LOVE
LOVE
LOVE
LOVE
LOVE

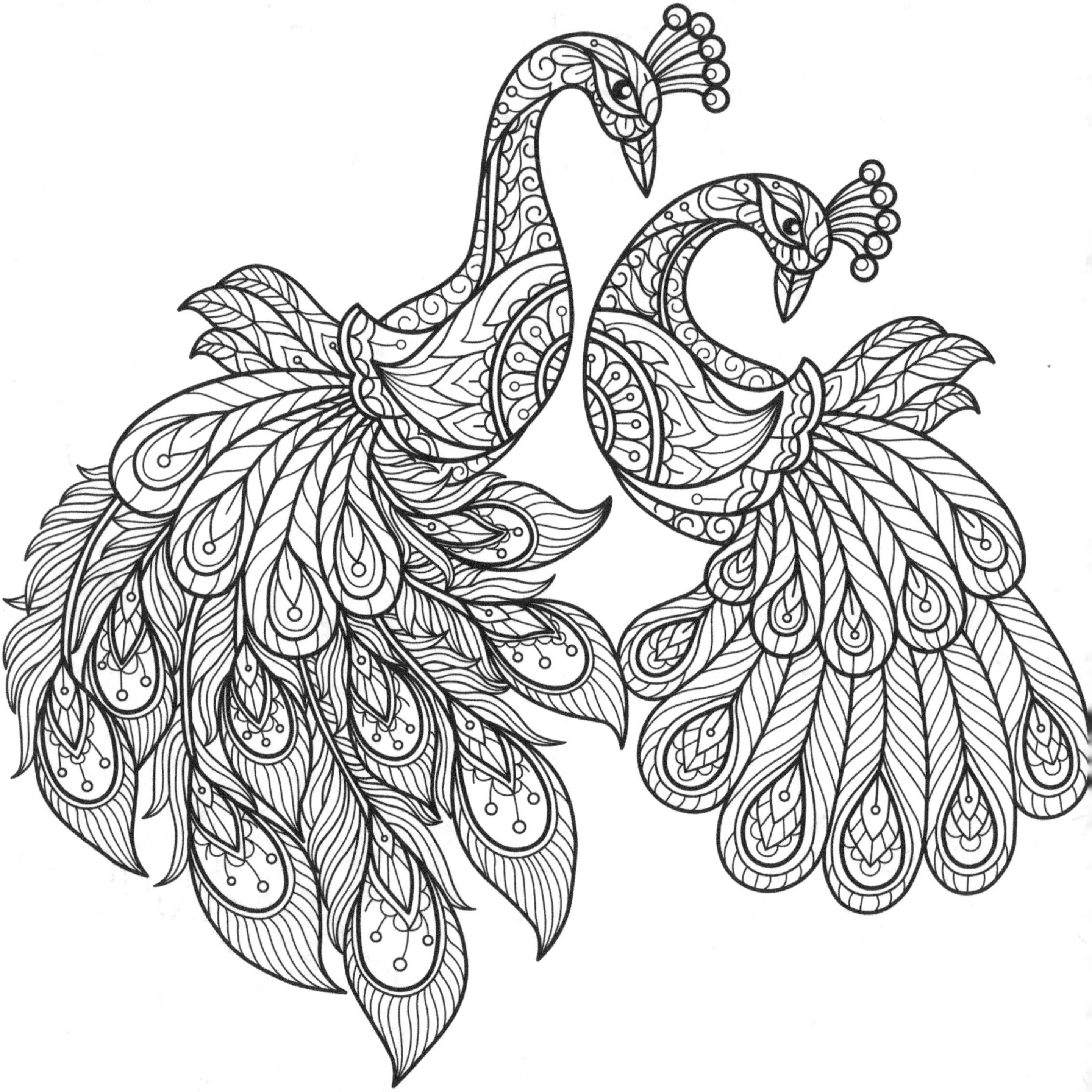

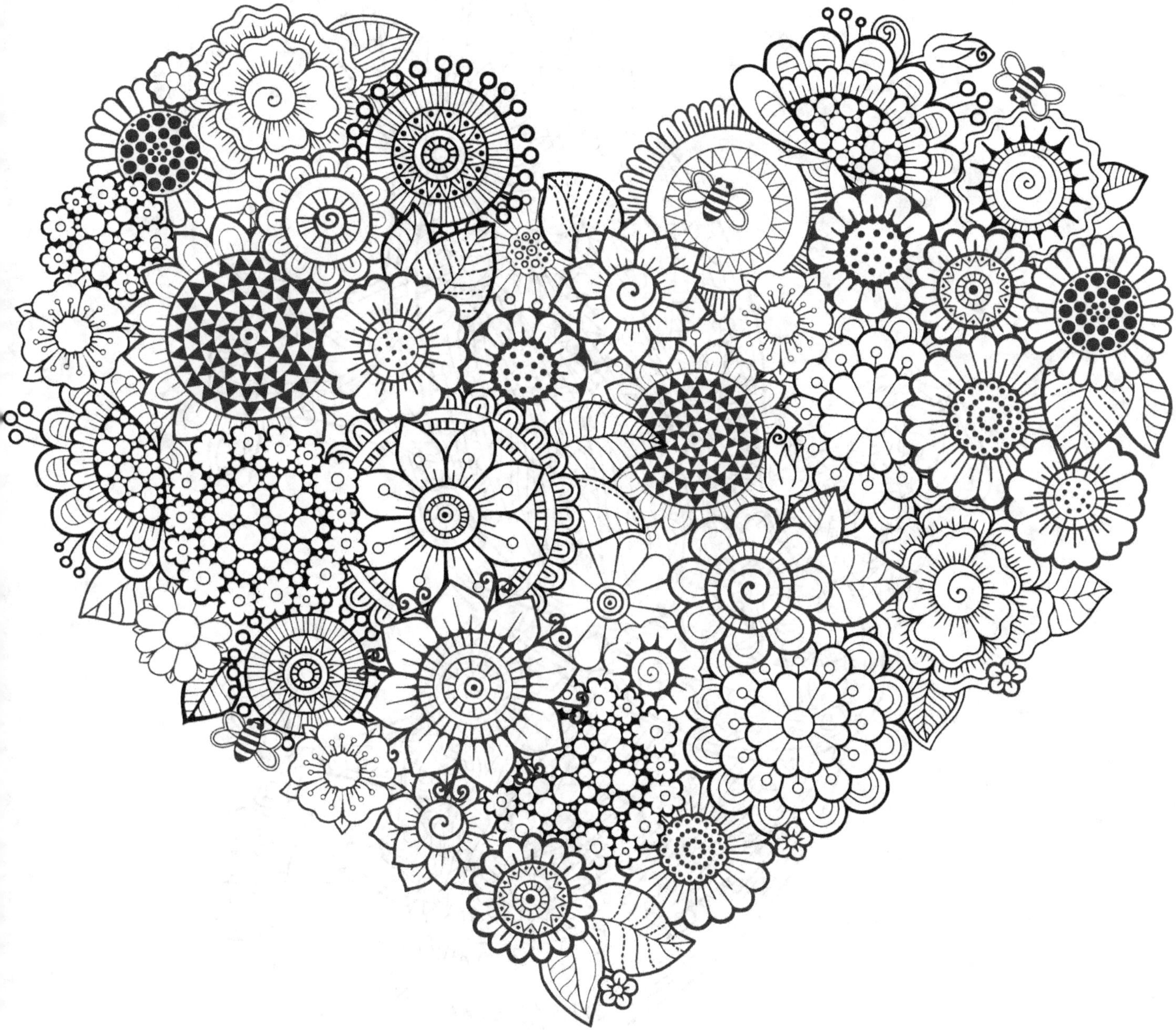

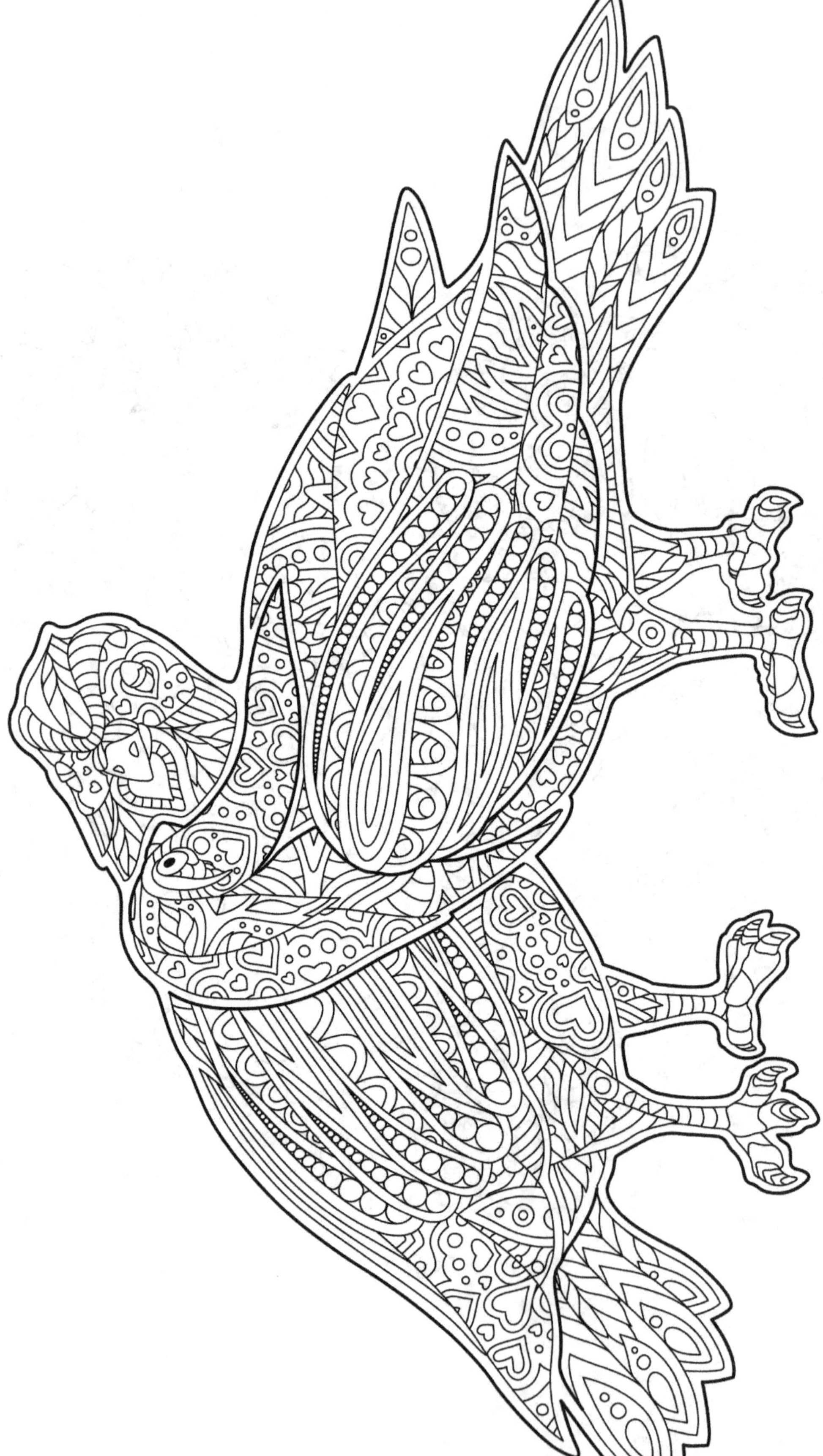

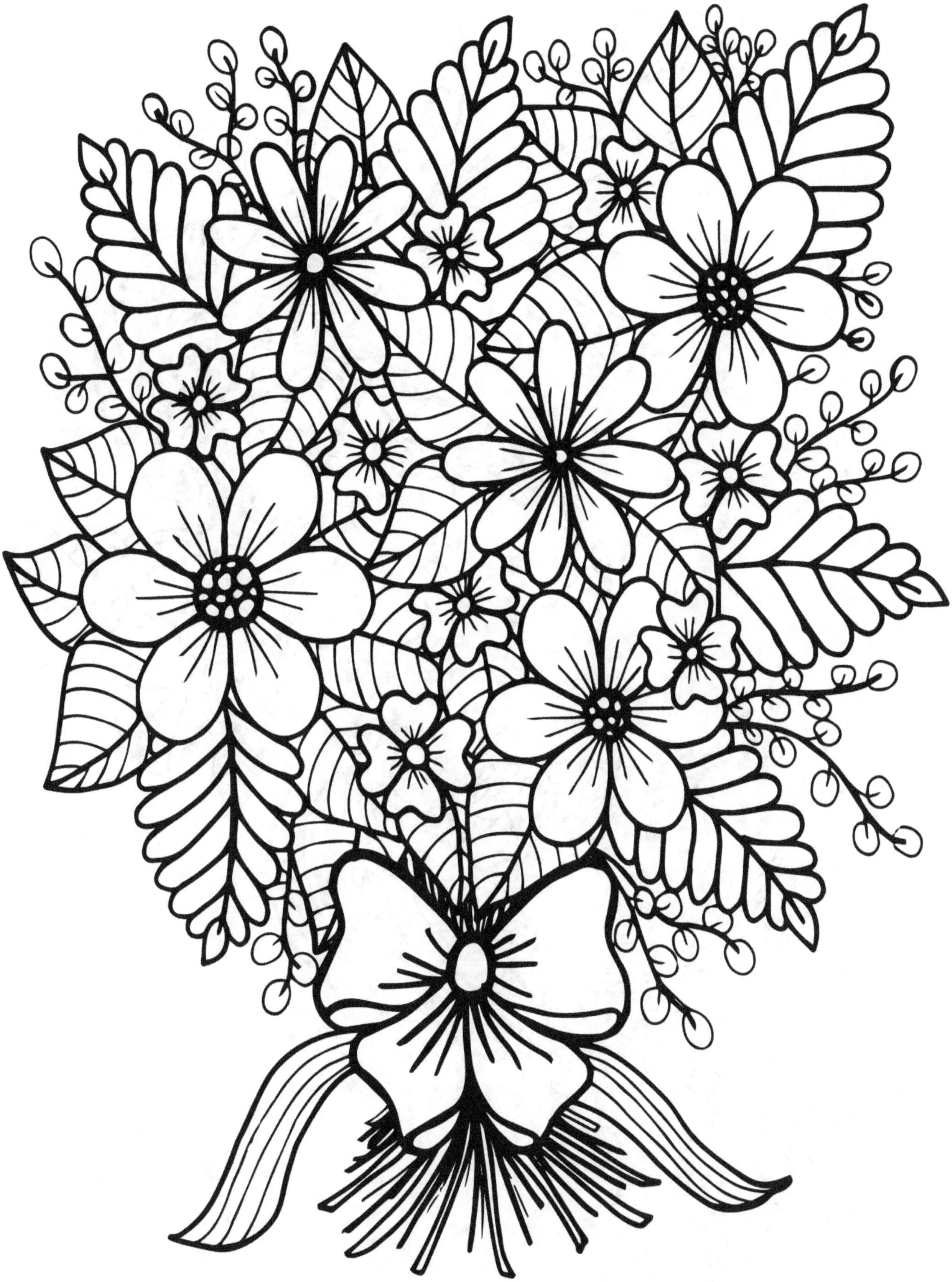

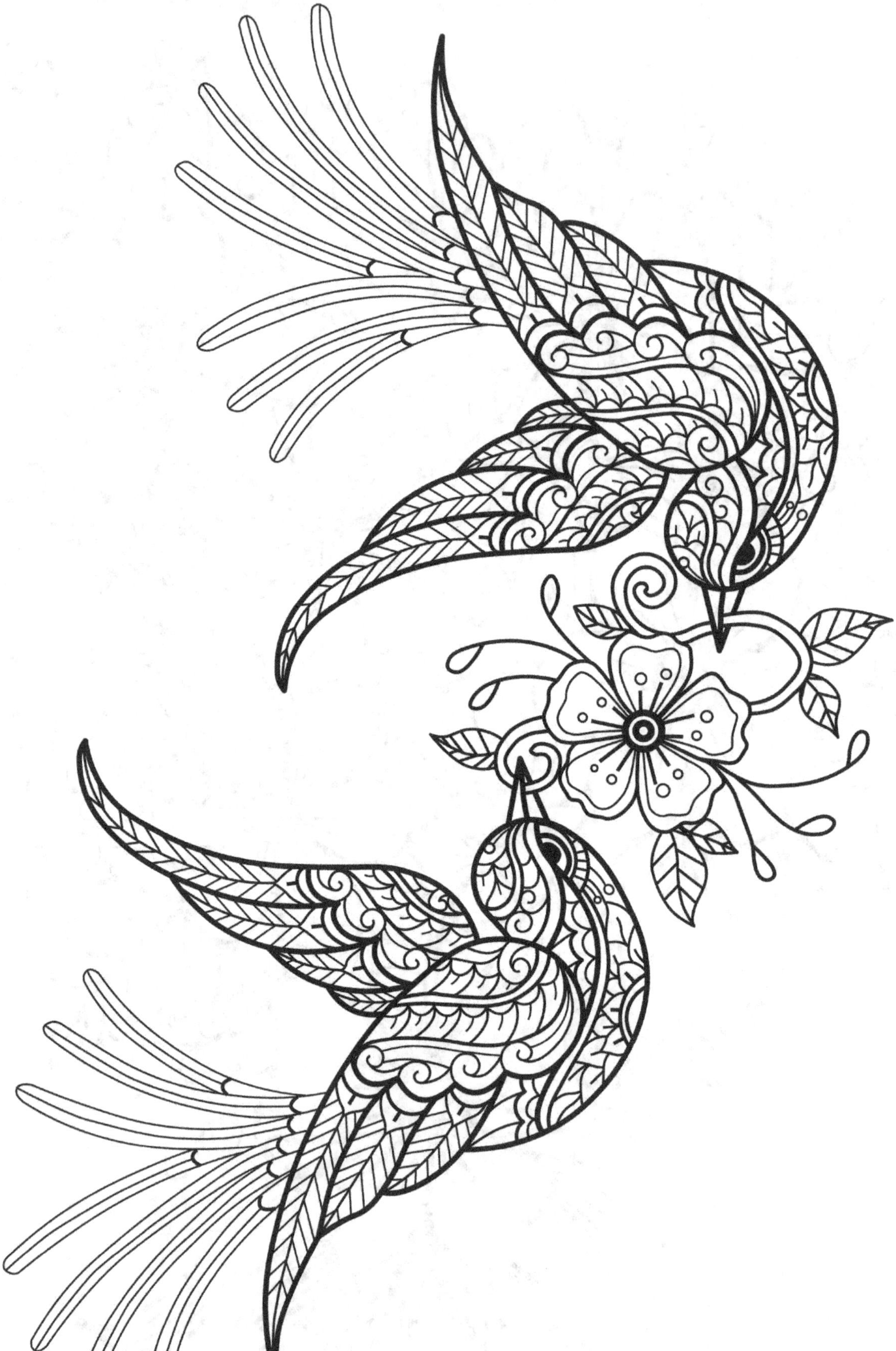

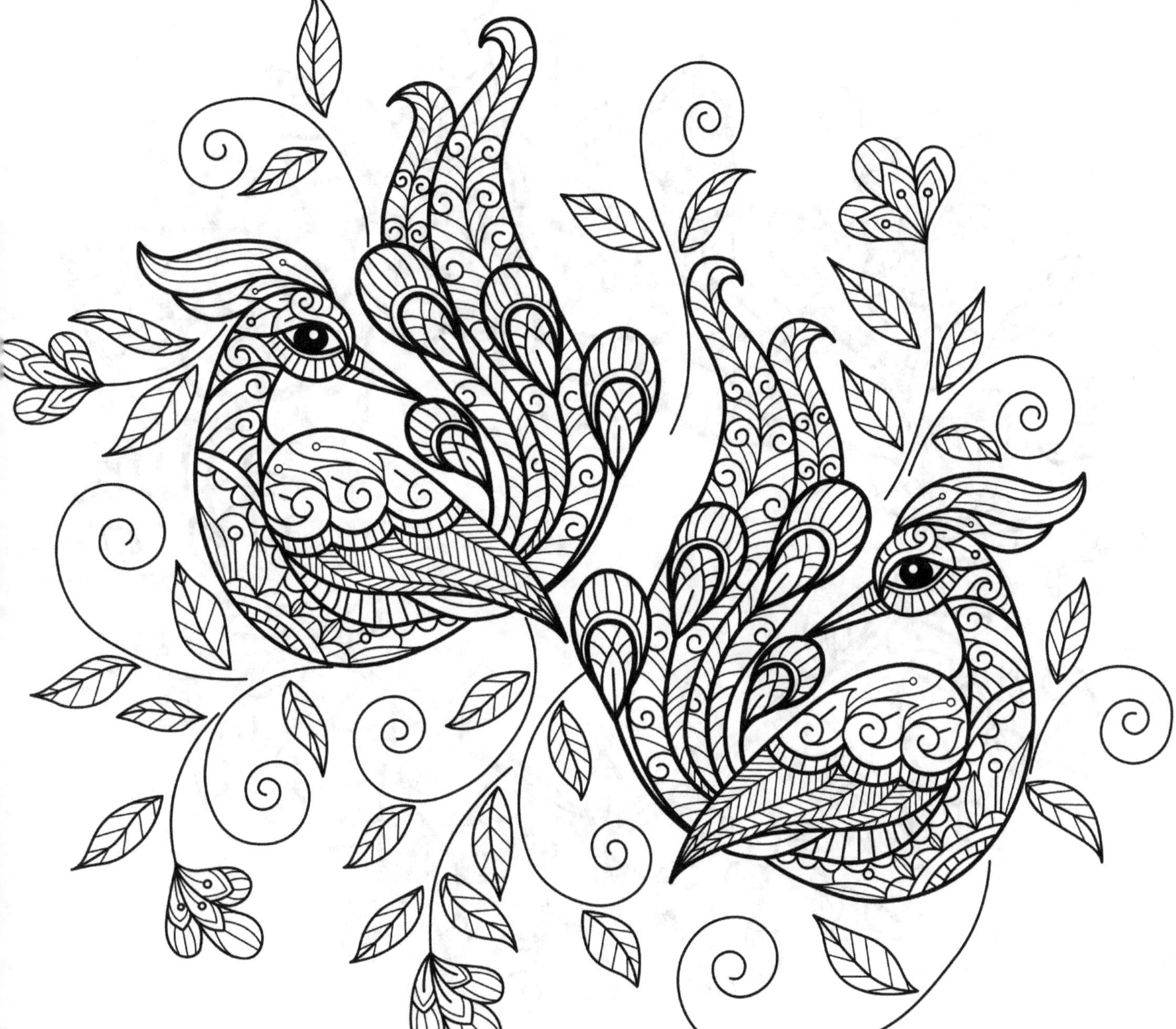

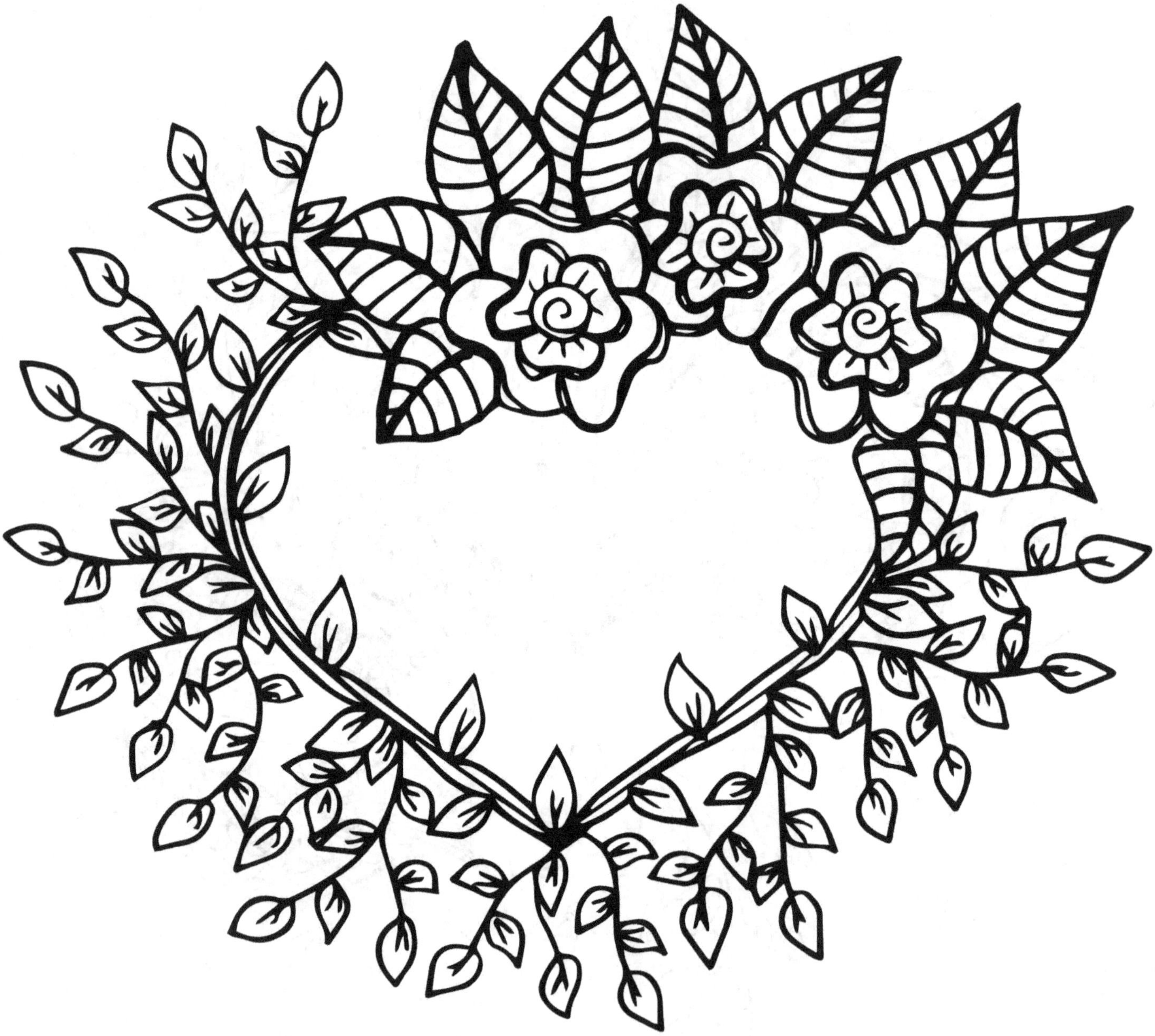

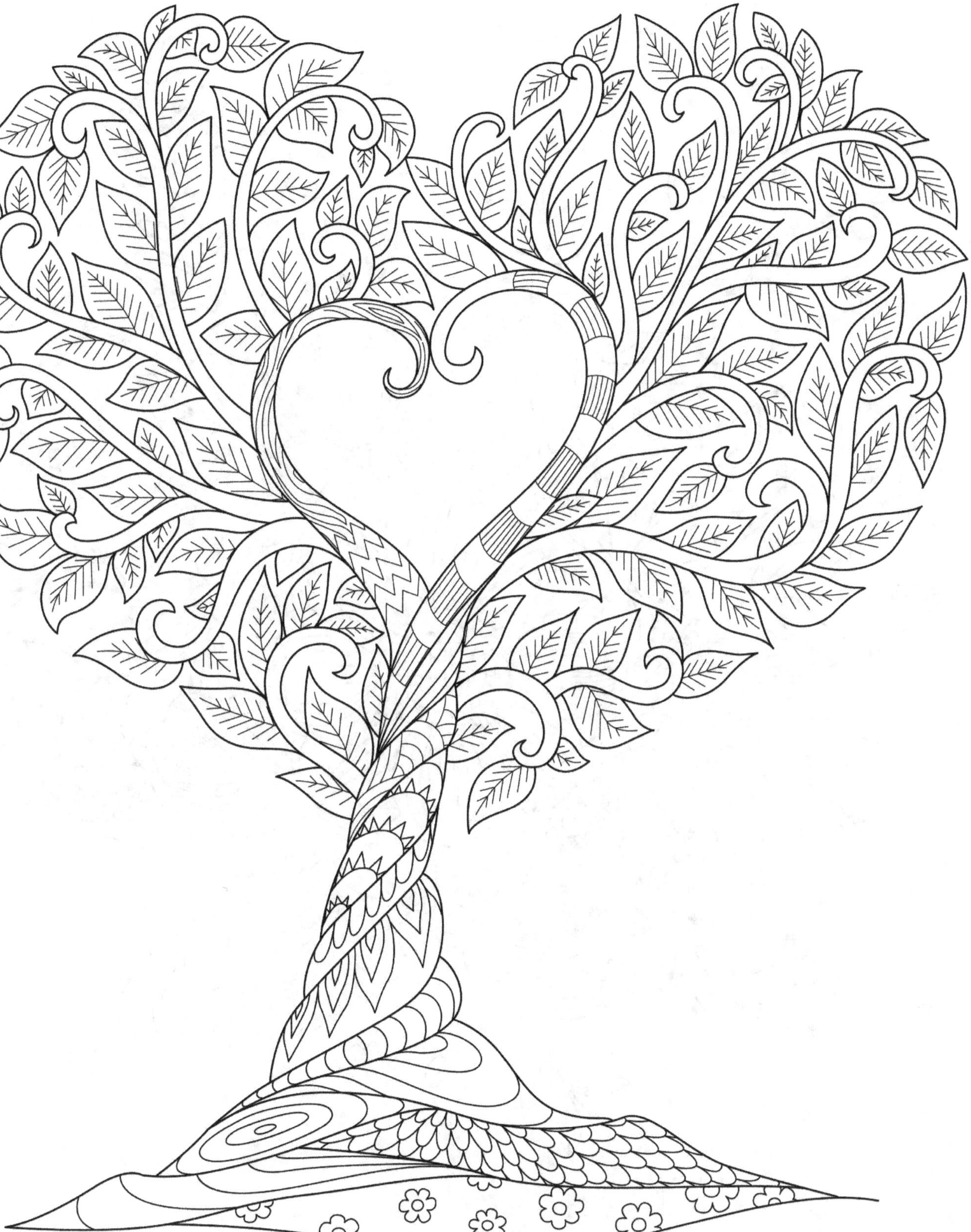

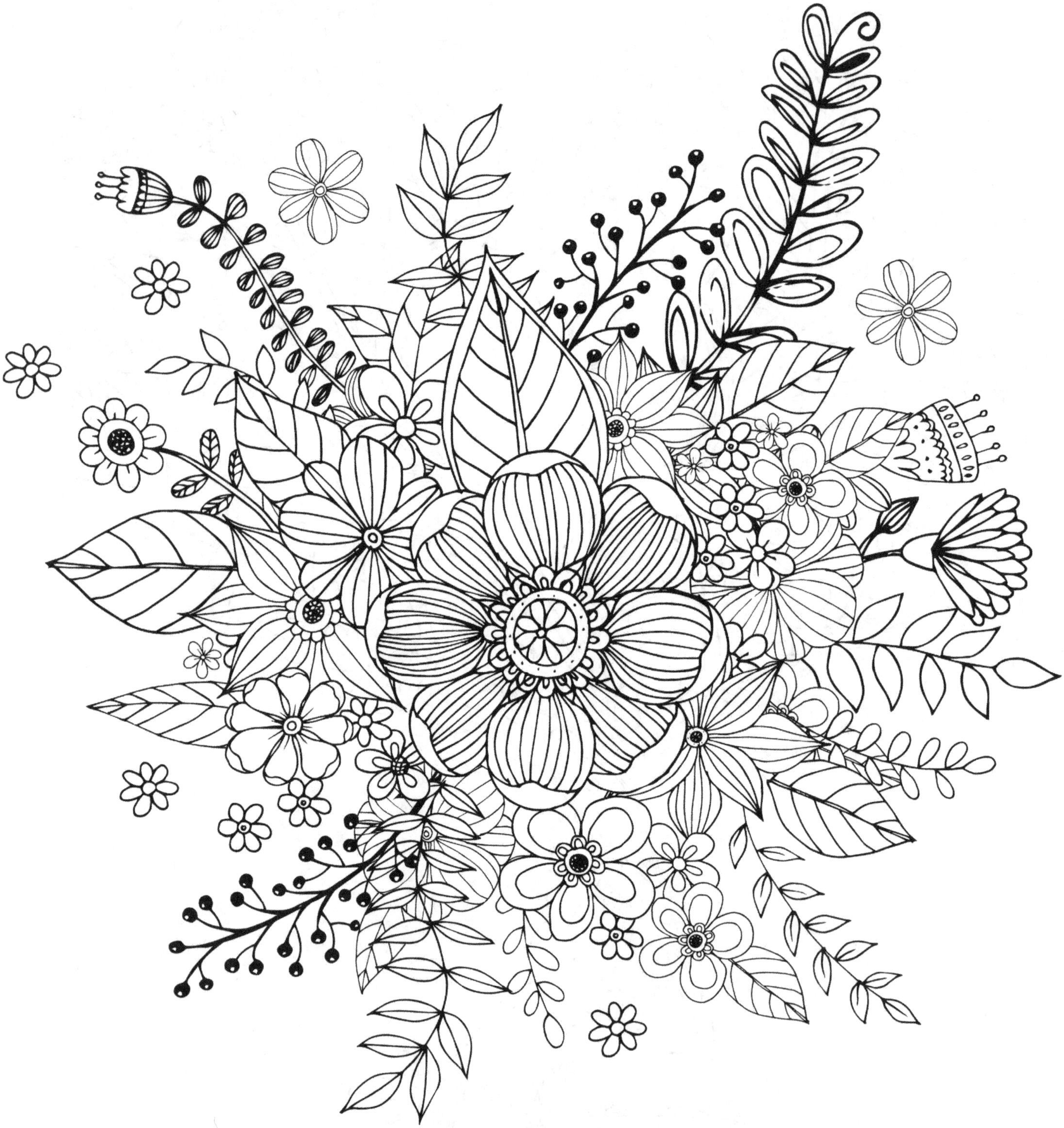

www.ingramcontent.com/pod-product-compliance
Lightning Source LLC
Chambersburg PA
CBHW080602220526
45466CB00010B/3226
* 9 7 9 8 5 8 8 6 2 3 7 4 2 *